职业教育课程改革创新示范精品教材

汽车检测与故障诊断

主　编　郑明锋　吴娱雯
副主编　张鹏飞　郎飞彪　骆　瑞

北京理工大学出版社
BEIJING INSTITUTE OF TECHNOLOGY PRESS

内容简介

本书共分六部分，系统地介绍了汽车电路方面的检测与故障诊断方法，第一部分主要讲述汽车电路的基础知识与故障诊断方法，后续五部分，分为五个项目，从照明信号、辅助电器、发动机无法起动、发动机怠速不良以及汽车空调系统的故障检测诊断进行了详细讲述。本书利用故障树对故障进行分析，从汽车电路组成的角度，对电路进行分析检测，是本书的特色，以大众帕萨特08款领驭为对象进行讲述，同时参考了典型的其他车辆电路系统进行深入说明。

本书可以作为职业院校汽车专业学生教材和相关汽车维修技术人员的培训教材。

版权专有　侵权必究

图书在版编目（CIP）数据

汽车检测与故障诊断 / 郑明锋，吴娱雯主编. -- 北京：北京理工大学出版社，2021.8（2025.2重印）
ISBN 978 - 7 - 5763 - 0113 - 7

Ⅰ. ①汽… Ⅱ. ①郑… ②吴… Ⅲ. ①汽车 - 故障检测 - 职业教育 - 教材 ②汽车 - 故障诊断 - 职业教育 - 教材
Ⅳ. ① U472.9

中国版本图书馆 CIP 数据核字（2021）第 152870 号

责任编辑： 孟祥雪		**文案编辑：** 孟祥雪	
责任校对： 周瑞红		**责任印制：** 边心超	

出版发行	/ 北京理工大学出版社有限责任公司
社　　址	/ 北京市丰台区四合庄路6号
邮　　编	/ 100070
电　　话	/（010）68914026（教材售后服务热线）
	（010）63726648（课件资源服务热线）
网　　址	/ http：//www.bitpress.com.cn
版 印 次	/ 2025年2月第1版第2次印刷
印　　刷	/ 定州市新华印刷有限公司
开　　本	/ 889 mm × 1194 mm　1/16
印　　张	/ 10
字　　数	/ 270千字
定　　价	/ 38.00元

图书出现印装质量问题，请拨打售后服务热线，负责调换

前言

纵观我国职业教育百余年的发展历程,其经历了发展中等职业教育、中等职业教育与高等职业教育并存发展到构建现代职业教育体系三个历史进程。真正的教育并不是一蹴而就的,也不是一朝一夕的,而是一体化、系统化、终身化的。中等职业教育和高等职业教育是职业教育中的两个不同阶段、不同层次的教育形式,有不同的功能及特色,它们既相互独立又相互联系。中、高等职业教育一体化是构建现代职业教育体系和实现终身教育的重要保障。推进中高职一体化人才培养,有利于加强中、高职衔接,提升职业教育的竞争力和吸引力;有利于高素质、高技能人才的培养,以更好地适应经济社会发展的需要;有利于职业学校学生多样化成长,满足人民群众的教育需求。

《国家中长期教育改革和发展规划纲要(2010—2020年)》明确提出:职业教育到2020年要形成适应经济发展方式转变和产业结构调整的要求,体现终身教育理念,中等和高等职业教育协调发展的现代职业教育体系,满足经济社会对高素质劳动者和技能型人才的需求。《关于加快发展现代职业教育的决定》提出:到2020年,形成适应发展需求、产教深度融合、中职高职衔接、职业教育与普通教育相互沟通,体现终身教育理念,具有中国特色、世界水平的现代职业教育体系。可见,实施中、高职有效衔接,构建中、高职教育一体化培养体系,构建科学的现代职业教育体系,是职业教育事业可持续发展的基础,是现代产业发展的迫切需要,也是新时期职业教育改革和发展的重要任务。

基于此背景,杭州职业技术学院汽车检测与维修技术专业和衔接中职学校开展了中、高职衔接的全面研究,聚焦中、高职衔接之关键,在全国知名职教专家引领下,构建了"汽车护士"向"汽车医生"发展的中、高职衔接课程体系,中、高职联合教研室成员共同开发编写了汽车检测与维修技术专业中、高职衔接主干课程教材与教学标准。

《汽车检测与故障诊断》是汽车检测与维修技术专业中、高职联合教研室组编的规划教材之一。由于该课程实践性非常强,因此编者以培养学生故障检测与排除的思维为目标,编写教材,主要体现在:

(1)以汽车维修企业实际工作任务为载体,结合"行动导向"教学方法,激发学生兴趣,进而引入解决该问题需要的知识。

(2)采用"六步法"的授课模式,每个任务即一个解决故障完整过程,学生应该通过该任务,学会发现问题,寻找解决问题的资料,分析资料,组织实施解决问题,最后进行检查与总结评价。

(3)学生组织实施过程,首先进行故障分析,画出故障树,分析电路图,画出排故流程图,从而决定小组分工。

(4)以汽车电路组成的6部分为基础,以此为基础分析所有的汽车电路系统,化繁为简。

本教材编写基于大众帕萨特 1.8T 领驭 08 款轿车电路系统进行故障描述，同时讲解了其他车型的电路情况，没有该设备的院校可以通过书中提供的电路示意图，并结合院校现有的实际设备进行分析操作。为方便教师教学和学生自学，本教材配备了教学微视频、电子课件、实训工单、练习题等。

本书由杭州职业技术学院郑明锋、杭州汽车高级技工学校吴娱雯担任主编，杭州职业技术学院张鹏飞、千岛湖中等职业中学郎飞彪、杭州市交通职业高级中学骆瑞担任副主编，杭州汽车高级技工学校王启文参编。浙江元通汽车有限公司陈巍、潘文提供了大量实践案例与技术支持，浙江共安检测鉴定技术有限公司教授级工程师金柏正担任了本书的主要审稿人。在本书的编写过程中参考了大量同类教材和相关资料，书中不能一一而详，在此一并表示感谢。

本书可作为中、高职院校汽车专业群相关课程的教材，也适合用作汽车行业相关人员自学的资料。由于编者水平有限，编写内容仍有众多瑕疵，望读者批评指正。

编　者

目录

绪　论　　1

　　任务一　汽车故障诊断的基本方法和流程　　2

　　任务二　汽车电路的基本组成　　9

　　任务三　汽车电路检查方法　　18

　　单元测试页　汽车电路检查方法　　23

项目一　汽车照明信号系统故障诊断与排除　　25

　　任务一　汽车照明信号系统认知　　26

　　任务二　前照灯故障诊断与排除　　31

　　任务三　制动灯故障诊断与排除　　41

　　任务四　雾灯故障诊断与排除　　49

　　任务五　转向灯、危险报警灯故障诊断与排除　　55

　　单元测试页　灯光系统综合故障诊断与排除　　63

项目二　汽车辅助电器系统故障诊断与排除　　65

　　任务一　汽车电动刮水器故障诊断与排除　　66

　　任务二　电动车窗故障诊断与排除　　76

　　单元测试页　辅助电器系统综合故障诊断与排除　　83

项目三　发动机无法起动故障诊断与排除　　85

　　任务一　发动机无法起动——起动系统故障诊断与排除　　86

　　任务二　发动机无法起动——燃油供给系统故障诊断与排除　　97

　　任务三　发动机无法起动——点火系统故障诊断与排除　　108

　　任务四　发动机无法起动——ECU系统故障诊断与排除　　115

单元测试页　发动机系统综合故障诊断与排除　　　122

项目四　发动机怠速不良故障诊断与排除　　　124

任　务　发动机怠速不良故障诊断与排除　　　125

单元测试页　怠速不良综合故障诊断与排除　　　134

项目五　空调系统故障诊断与排除　　　136

任　务　汽车空调系统故障诊断与排除　　　137

单元测试页　空调系统综合故障诊断与排除　　　149

习题参考答案　　　151

参考文献　　　154

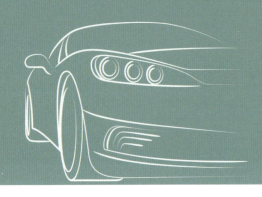

绪 论

项目描述

本项目主要学习汽车电路系统的组成，电路故障的诊断方法和对汽车故障进行诊断的流程。本项目是进行其他故障诊断与排除的基础。汽车电路的组成分成6个部分，针对每个部分的电路故障都可以按照这6个部分分开进行分析，用万用表按照电压、电阻检测的方法进行检测。在分析每个故障前应该确定采用的方法和流程。

项目内容

任务一　汽车故障诊断的基本方法和流程；
任务二　汽车电路的基本组成；
任务三　汽车电路检查方法。

项目目标

能进行故障树和流程图的绘制；
能阐述故障诊断思路；
能对电路进行检测。

任务一　汽车故障诊断的基本方法和流程

工作情景描述

一辆轿车的室内照明灯全部不工作了，师傅让小王进行排故工作，应该如何确定操作流程？

学习目标

通过本任务学习，应能：
1. 掌握故障树的分析方法；
2. 掌握实施流程图的绘制；
3. 掌握汽车故障诊断常用的方法。

一、资讯

（一）汽车故障诊断定义

汽车部分或完全丧失工作能力的现象，其实质是汽车零件本身或零件之间的配合状态发生了异常变化。汽车的工作能力是动力性、经济性、工作可靠性及安全环保等性能的总称。

汽车故障的分类方法多种多样，常见的分类方法如下：

按程度：局部故障和完全故障。

按后果：轻微故障、一般故障、严重故障和致命故障。

按性质：自然故障和人为故障。

按发生速度：突发性故障和渐进性故障。

按表现稳定程度：持续性故障和间歇性故障。

按显现程度：可见性故障和潜在性故障。

汽车故障的具体表现称为故障现象，又称故障症状。汽车故障诊断是指在不解体（或仅拆下个别小零件）的情况下，确定汽车的技术状况，查明故障部位及故障原因的汽车应用技术。

（二）汽车故障诊断的方法

1. 人工经验诊断法

人工经验诊断法是诊断人员凭借丰富的实践经验和一定的理论知识，在汽车不解体或局部解体的情况下，借助简单的检查工具，主要采用眼看、耳听、手摸、鼻闻等手段，进行检查、试验、分析，确定汽车故障原因和部位的诊断方法。人工经验诊断法既是汽车故障诊断的传统方法也是基本方法，即使在现代仪器诊断技术飞速发展的今天也不可能取消人工经验诊断方法，这就像医学临床诊断中的体格检查（一般检查）一样是不可能被取代的环节。人工经验诊断是汽车故障诊断的基础，它可以对汽车故障做出初步的判断和定性的分析。

2. 仪器设备诊断法

仪器设备诊断法是诊断人员在汽车不解体或局部解体的情况下，采用现代检测诊断仪器设备，对汽车各种诊断参数进行检测、试验、分析，最终确定汽车故障原因和部位的诊断方法。仪器设备诊断法既是汽车故障诊断的现代方法也是精确方法。随着汽车安全性、环保性、经济性要求的不断提高，汽车故障诊断参数的精确度也越来越高，因而，汽车故障诊断必然要从传统的定性分析向现代的定量分析发展。仪器设备诊断法正是在这样的前提下发展而来的，它可以对汽车故障做出精确判断和定量分析。利用仪器设备对汽车进行的多参数动态分析，可以迅速准确地诊断出汽车复杂的综合性故障，为汽车故障诊断技术从传统的经验体系向现代的科学体系发展奠定了坚实的基础。

3. 故障码诊断分析法（电脑自诊断分析法）

它是采用汽车电脑故障诊断仪调取故障码后，按照维修手册中提供的故障码诊断流程图表进行故障诊断分析的方法。故障码诊断分析法是仪器设备诊断法的一种特殊形式，以汽车电脑故障诊断仪调出的汽车电子控制系统故障码为切入点，进行汽车故障诊断分析的一种方法。

4. 症状诊断分析法

它是以故障所表现出来的症状为切入点，以汽车结构原理为基础，用故障症状与故障原因之间的逻辑关系进行分析，然后采用检测和试验的手段进行故障点诊断分析的一种方法。这种方法适用于汽车非电子控制系统和无故障码输出的电子控制汽车各个部分及系统的故障诊断。传统汽车故障诊断就是以症状诊断分析法为基础的故障诊断，症状诊断分析法同样采用人工经验诊断法和仪器设备诊断法相结合的综合诊断方式来完成。症状诊断分析法是最基本、最基础的诊断分析方法，特别对自诊断系统不能准确把握的故障诊断项目具有十分重要的普遍意义，也就是说症状诊断分析法无论过去、现在还是将来都将是汽车故障诊断中的重要组成部分。

（三）诊断基本流程

汽车故障诊断基本流程是汽车故障诊断中最基础的诊断过程，是对诊断内容最一般的概括和总结，如图0-1-1所示，汽车故障诊断基本内容包括从故障症状出发，通过问诊试车（验证故障症状）、分析研究（分析结构原理）、推理假设（推出可能原因）、流程设计（提出诊断步骤）、实施排除（排除确认故障点）、检查验证（排除故障后检查），最后达到解决故障的最终目的。

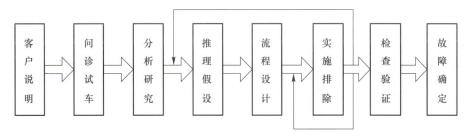

图 0-1-1　汽车故障诊断基本流程

1. 客户说明

最初症状是故障诊断的出发点，车辆出现故障时，先听取客户的故障描述，做好记录、分析工作。

2. 问诊试车

通过问诊全面了解故障症状，掌握故障症状发生时的前因后果，可以通过生产厂家维修手册中给出的标准问诊表进行问诊，实现对问诊内容完备性和准确性的要求。

进行试车再现车主所述的故障症状，以验证故障症状的真实性，同时试验故障症状再现时的特征、时间、地点、环境、条件、工况等客观状态，将问诊表中记录的内容逐一验证，以便为进一步分析故障原因做好准备。

完整的试车应该包括汽车各种性能的试验过程，即从发动机冷机起动、冷机高怠速、暖机到热机怠速、加速、急加速全过程的运行状况，以及仪表指示情况，还应该包括汽车起步、换挡、加速、减速、制动、转向等过程的行驶状况试验，检查汽车的动力性能、制动性能、行驶稳定性能、操纵可靠性能、振动摆动异响等状况。感受驾驶和操纵过程的各种反应，以便检查是否有车主未感觉到的汽车故障症状存在，消除汽车行驶中的各种隐患，保证车主行车的安全。

3. 分析研究

根据问诊试车后的结果，对汽车结构和原理进行深入的研究分析，分析故障生成的机理、故障产生的条件和特点，为下一步推出故障原因做准备。

4. 推理假设

根据分析研究的结果，推理假设可能产生故障的位置和原因，该部分要基于前面准确的分析和研究结果。

5. 流程设计

根据推理过程设计故障排除流程，设计的准则依据：由简单到复杂，由高概率到低概率。

6. 实施排除

按照流程设计的步骤实施排除过程。实施排除过程是按照流程设计从最高一层中间事件逐一到最低一层中间事件，然后再到底端事件，直至确认故障点部位的全过程。

当实施的过程与推理假设相违背时，要返回到分析研究过程或推理假设过程进行修正，重新实施排除过程。

7. 检查验证

在排除故障点后，进行修复后的检查验证。确定实施的故障点正确性并确认已将故障排除掉。

8. 故障确定

总结故障产生的位置原因，为车主提供总结性报告和预防意见等。

（四）故障树的分析方法

故障树分析法（Fault Tree Analysis，FTA）是在系统设计过程中，通过对可能造成系统失败的各种因素（包括硬件、软件、环境、人为因素）进行分析，画出逻辑框图（即故障树），从而确定系统失效原因的各种可能组合方式或其发生概率，以计算系统失效概率，采取相应的措施，以提高系统可靠性的一种设计分析方法。其广泛应用于一些重大军事装备研制和宇航、电子、化工等行业的安全分析中。

由故障症状、故障原因的层级关系，确定从顶端到中间，再到底端事件的全部事件列表。在故障树中，首先要分析的系统故障事件称为顶端事件，在汽车故障中顶端事件是指最初故障症状。其次，把不能再分开的基本事件称为底端事件，在汽车故障中底端是指最小故障点。最后，把其他事件称为中间事件。故障树是由第一层顶端事件、多层中间事件、最后一层底端事件构成的。

故障树是根据故障症状与故障原因间的逻辑关系建立起来的，首先将顶端事件用矩形符号表示，底端事件用圆形符号表示；然后再确定各层事件的逻辑关系，主要由"与"和"或"两种组成，并将各层事件用逻辑符号连接起来；逻辑"或"用符号表示，如表0-1-1所示。

"或"表示低一层事件发生时，上一层事件就会发生。事件间的"或"关系是汽车故障中最常见的逻辑关系。

"与"表示低一层的所有事件都发生时，上一层的事件才发生。

对故障树定性分析的主要目的是找出导致事件发生的全部可能，也就是导致故障症状发生的所有原因，弄清发生某种故障到底有多少种可能性。

表 0-1-1　汽车故障诊断常用的故障树符号

表示符号		含义说明
底端事件	○	元、部件在设计的运行条件下发生的随机故障事件，故障分布已知 / 实线圆——硬件故障
	◯(虚线)	元、部件在设计的运行条件下发生的随机故障事件，故障分布已知 / 虚线圆——人为故障
	◇	表示该事件可能发生，但是概率较小，可以无须再进一步分析的故障事件，在故障树定性、定量分析中一般可以忽略不计

续表

表示符号		含义说明
顶端事件		人们不希望发生的显著影响系统技术性能、经济性、可靠性和安全性的故障事件
中间事件		包括故障树中除底端事件及顶端事件之外的所有事件
"或"事件		输入事件 X1、X2 同时存在时，才发生输出事件 Z
"与"事件		至少有一个输入事件 X1、X2 发生时，才有输出事件 Z 发生

如图 0-1-2 所示，是对发动机机油变质故障进行分析的过程，这部分过程在汽车故障诊断基本流程中的分析研究和推理假设过程中进行。

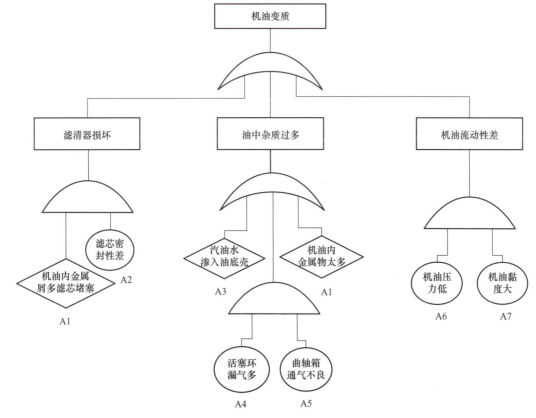

图 0-1-2　发动机机油变质故障分析

（五）汽车故障诊断流程图

汽车故障诊断流程图是指根据故障征兆和技术状况间的逻辑关系，反映汽车故障诊断的综合分析、逻辑推理和判断思路，描述汽车故障诊断操作顺序和具体方法，从原始故障现象到具体故障部位和原因的顺序框图。汽车故障诊断流程图是指导维修工作人员进行故障诊断与排除过程的过程描述。流程设计是在推理假设环节之后，根据假设的可能故障原因，设计出实际应用的故障诊断流程图的过程，这个过程包括首先建立以故障症状为顶端事件的故障树，然后根据这个故障树建立故障诊断流程图。通常一个具有完备底端事件（最终故障原因）的故障树很难从推理假设环节所提出的故障原因中建立起来，因为这些故障原因不仅不能保证

完备，甚至都不能完全保证准确，因此往往先确定分辨汽车各大组成部分或总成故障的检测方法是非常重要的，然后确定汽车各个系统和装置工作性能好坏的检测方法，最后确定管线路和元器件的测试方法。这些测试方法的应用目的在于逐渐缩小故障怀疑范围，最终锁定故障点。按照故障树应用所给出的具体方法完成故障树和故障诊断流程图设计。

为便于识别，绘制流程图的习惯做法如下：

圆角矩形表示"开始"与"结束"	⬭
矩形表示行动方案、普通工作环节	▭
菱形表示问题判断或判定（审核/审批/评审）环节	◇
用平行四边形表示输入/输出	▱
箭头代表工作流方向	→

以发动机机油变质故障为例，进行故障排除流程设计，如图0-1-3所示，每个维修人员的思维逻辑都不完全一样，因此故障排除流程图也不可能完全一样，只要满足由简单到复杂，由高概率到低概率的原则，符合实施的顺序即可。

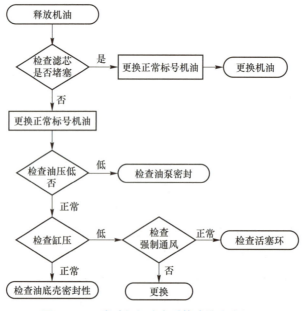

图0-1-3　发动机机油变质故障排除流程图

二、决策与计划

根据任务一中设计的电路图,画出故障分析树和排故流程计划。

故障分析树	排故流程计划

三、实施与检查

叙述采用的具体检查方法。

四、评价

根据本任务内容,评价遇到的问题与注意事项。

五、练习题

问题一:

汽车部分或完全丧失_____的现象,其实质是汽车零件本身或零件之间的配合状态发生了异常变化。汽车的工作能力是动力性、经济性、_____性及安全环保等性能的总称。

问题二:

汽车故障的具体表现称为_____,又称故障症状。汽车故障诊断是指在不解体(或仅拆下个别小零件)的情况下,确定汽车的技术状况,查明故障部位及故障原因的汽车应用技术。

问题三:

汽车故障诊断基本流程是汽车故障诊断中最基础的诊断过程,是对诊断内容最一般的概括和总结,汽车故障诊断基本内容包括从故障症状出发,通过_____(验证故障症状)、_____(分析结构原理)、推理假设(推出可能原因)、_____(提出诊断步骤)、实施排除(排除确认故障点)、检查验证(排除故障后检查),最后达到解决故障的最终目的。

问题四：

_____（Fault Tree Analysis，FTA）是在系统设计过程中，通过对可能造成系统失败的各种因素（包括硬件、软件、环境、人为因素）进行分析，画出逻辑框图，从而确定系统失效原因的各种可能组合方式或其发生概率，以计算系统失效概率，采取相应的措施，以提高系统可靠性的一种设计分析方法。其广泛应用于一些重大军事装备研制和宇航、电子、化工等行业的安全分析中。

六、课后思考

针对灯光不亮的故障，维修工甲和乙发生了争执，维修工甲认为如果灯光损坏不亮了，首先进行灯光的更换可以迅速确定是否为灯光故障，维修工乙认为应该先检查灯光的熔断丝，再进行灯泡检查，甲和乙谁说的有道理？实际维修中针对类似的故障应该怎样检查比较全面，又能流程最少？

任务二　汽车电路的基本组成

工作情景描述

一辆轿车的室内照明灯全部不工作了，师傅让小王先检查室内照明的保护装置，再检查开关部分。

学习目标

通过本任务学习，应能：
1. 掌握汽车电路的组成；
2. 熟悉各部分的具体作用；
3. 将汽车电路划分成对应的组成部分。

一、资讯

（一）汽车电路的组成

为使汽车的电气设备工作，应按照它们各自的工作特点及相互的内在联系，用导线和车体将电源、电路保护装置、控制器件及用电设备等装置连接起来，构成能使电流流通的路径，这种路径称为汽车电路。

如图 0-2-1 所示，汽车电路由 6 个部分组成：①电源；②导线；③保护装置；④开关；⑤用电器；⑥车身搭铁。6 个部分缺一不可，正常情况下，无论汽车电路复杂与否其组成均可划分为 6 个部分，6 个部分也是进行汽车电路故障分析的基础，任何一个汽车电路都可以简化成最初的 6 个组成部分。进行电路故障诊断时，将复杂的电路按照 6 个组成部分进行分析，能够快速锁定故障点。

汽车电路基本组成

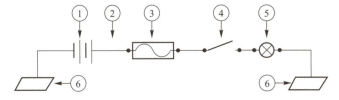

图 0-2-1　汽车电路组成
①电源；②导线；③保护装置；④开关；⑤用电器；⑥车身搭铁

（二）汽车电路的各部分元件

1. 电源

蓄电池和发电机，保证汽车各用电设备在不同情况下都能投入正常的工作。在汽车上所有的用电器都需要电源，电源的获得方式主要有三种：

（1）直接与电源相连接，电池直接供电，一般室内照明灯、制动灯、危险警报灯、喇叭等都是直接与蓄电池相连接供电，特点是电路不通过点火开关，在没有接通车钥匙的情况下可以通过对应开关直接控制电路的工作。这种类型的电路设计安全，使用时需要直接供电。

（2）通过点火开关控制供电的电源系统，用电器电源必须通过点火开关控制才能工作，近远光灯、雾灯、玻璃升降器等都要通过点火开关控制，车钥匙在不插入开关打到对应的挡位，开关不会接通。这种类型的电路考虑的因素是在车辆起动使用的情况下此类电路才会使用。

（3）通过点火开关控制继电器供电的电源系统，通过点火开关接通继电器工作，从而接通电路。雾灯、点烟器等线路采用类似的方法。该类型电路消耗的电能较大，需要利用继电器小电流控制大电流的方案进行控制。

2. 导线

使用线束将用电器和电源、开关、车身、保护装置连接在一起，形成电路的回路。汽车导线根据流经的电流大小分成不同的粗细线束，为了区分方便颜色各不相同，一般供电线为红色，接地线以灰色和黑色为主，双色线一般为信号线，导线的颜色在寻找故障线束时可以作为判断的依据之一。

汽车线束之间通过插接器连接在一起，一个汽车电路中的导线有可能是几段线束连接在一起共同拼接成的，因此线束中的插接器是在不解体线束的情况下对电路进行检测的重要部分。

3. 保护装置

在电路中存在过大电流时，保护装置会断开电路连接，对用电器起到保护作用，熔断丝、电路断电器及易熔线等都是保护装置。用电器的保护装置绝大多数情况下安装在电源的后面，开关的前面线路中，在保护装置工作时可以断开到开关的电源，避免开关带电。

4. 开关

汽车电路中除去传统的各种手动开关、压力开关、温控开关外，车辆上的电子控制部件、电子模块和电子控制单元等都是开关。在发动机电控单元中，许多执行器的工作，实际上是由发动机电控单元充当开关，例如喷油器的工作，发动机电控单元控制喷油的电路通断，实现喷油器工作。

5. 用电器

汽车中的电动机、电磁阀、灯泡、仪表、各种电子控制器件和部分传感器等都属于用电器，一个汽车电路的最终目的是在对应的工况下，让用电器工作，用电器是每个电路存在的意义。在汽车电路中所有的用电器都是并联在一起的。

6. 车身搭铁

汽车电路中电源的负极与车身相连接，汽车用电器电路的负极直接连接到车身上，整个车身相当于一个大的负极连接线束，形成回路。因此，在检测时如果需要接到电源负极可以直接与车身相连接。

二、决策与计划

（一）线路分析

1. 电源线路

如图 0-2-2 所示，为帕萨特 1.8T 车辆电源线路，该线路以蓄电池 A 为核心，电流从正极流出，经过红 16.0 导线，通过 500 接线柱流出到 30 号线，此时直接给直接与电源相连接的线路供电，其中 J59 是通过点火开关 D 控制的供电线，当点火开关 D30 与 D75 接通时，电源流经 J59，30 与 87 引脚为大功率设备（雾灯）等供电。帕萨特 1.8T 电源系统构成电路图开关部分如图 0-2-3 所示。

任务二　汽车电路的基本组成

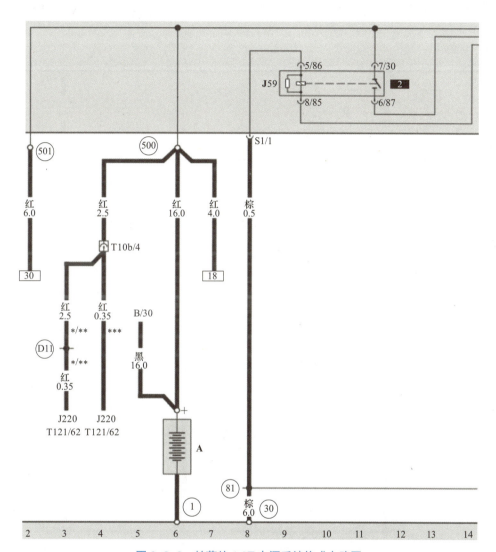

图 0-2-2　帕萨特 1.8T 电源系统构成电路图

A—蓄电池，在排水槽中部；J59—X 触点卸载继电器，在仪表板左侧下方中央电器板上 2 号位（100 继电器）；J220—Motronic 发动机控制单元，在排水槽左侧防护罩内；T10b—10 针插头，黑色，在发动机控制单元防护罩内左侧 1 号位；T121—121 针插头，黑色，Motronic 发动机控制单元插头；①—接地点，蓄电池 - 车身，在排水槽右侧；㉚—接地点，在中央继电器板左侧后部；㉛—接地连接线（31），在仪表板线束内；⑤⓪⓪—正极螺栓连接点（30），在中央电器板上；⑤⓪①—正极螺栓连接点（30），在中央电器板上；D11—正极连接点（30），在发动机线束内；*—用于装备 1.8T 发动机标识字母 CED 的车型；**—用于装备 2.0 发动机标识字母 BNL 的车型；***—用于装备 V6 发动机标识字母 BBG 的车型

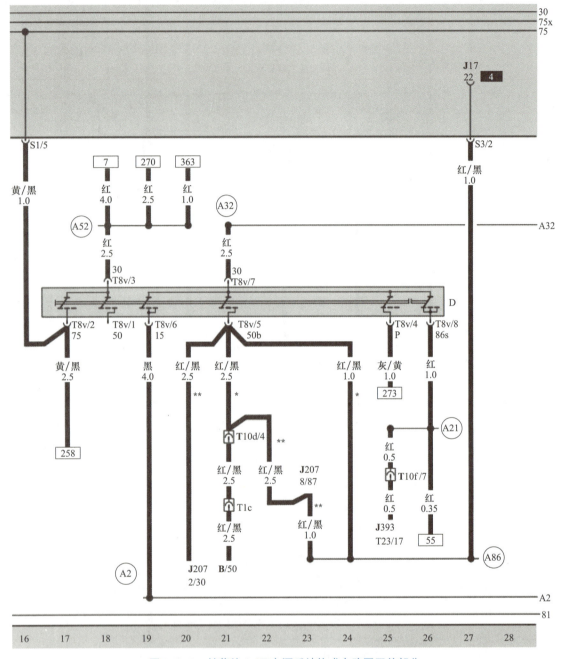

图 0-2-3　帕萨特 1.8T 电源系统构成电路图开关部分

D—点火起动开关，在转向柱上部；J17—燃油泵继电器，在仪表板左侧下方中央电器板上 4 号位（372 继电器）；J207—防起动锁继电器，在仪表板左侧下方 13 位置继电器板上 12 号位（53 继电器）（用于装备 5 挡自动变速箱 01V 的车型）；J207—防起动锁继电器，在仪表板左侧下方 13 位置继电器板上 12 号位（175 继电器）（用于装备 4 挡自动变速箱 01N 的车型）；J393—舒适／便利功能系统中央控制单元，在驾驶员侧搁脚空间下面；T1c—1 针插头，黑色，在发动机舱内排水槽右侧（用于装备 V6 发动机标识字母 BBG 的车型）；T1c—1 针插头，黑色，在发动机缸体左侧后方（用于装备 1.8T 发动机标识字母 CED 和 2.0 发动机标识字母 BNL 的车型）；T8v—8 针插头，黑色，点火起动开关插头；T10d—10 针插头，棕色，在发动机控制单元防护罩内左侧 2 号位；T10f—10 针插头，蓝色，在左 A 柱处 6 号位；T23—23 针插头，黑色，舒适／便利功能系统中央控制单元插头；A2—正极连接线（15），在仪表板线束内；A21—连接线（86s），在仪表板线束内；A32—正极连接线（30），在仪表板线束内；A52—正极连接线（30），在仪表板线束内；A86—连接线，在仪表板线束内；*—用于装备手动变速箱的车型；**—用于装备自动变速箱的车型

2. 保护装置

如图0-2-4所示，每条线路都有对应的保护装置，在电路图中，保护装置往往绘制在一个部分以便于查找。

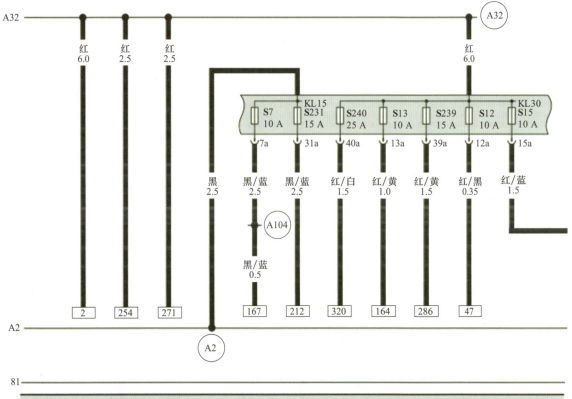

图 0-2-4　帕萨特 1.8T 主要保险系统构成电路图

S7—熔断丝 7，10 A，ABS 控制单元，ESP 按钮，制动踏板开关，离合器踏板开关，横向加速度传感器，转向角度传感器熔断丝，在仪表板左侧熔断丝架上；S12—熔断丝 12，10 A，自诊断接口插头熔断丝，在仪表板左侧熔断丝架上；S13—熔断丝 13，10 A，制动灯开关熔断丝，在仪表板左侧熔断丝架上；S15—熔断丝 15，10 A，组织仪表中带显示单元的控制单元，自动变速箱控制单元，Climatronic 自动空调控制单元熔断丝，在仪表板左侧熔断丝架上；S231—熔断丝 31，15 A，移动电话电子操作装置控制单元，多功能开关，Tiptronic 开关，倒车开关，换挡操纵杆锁止电磁阀，自动防炫目车内后视镜，换挡杆位置 P/N 指示灯熔断丝，在仪表板左侧熔断丝架上；S239—熔断丝 39，15 A，闪烁报警灯开关熔断丝，在仪表板左侧熔断丝架上；S240—熔断丝 40，25 A，双音喇叭继电器，喇叭熔断丝，在仪表板左侧熔断丝架上

3. 开关

开关主要起到连接作用,在分析电路时可以以开关为节点,向前是电源方向,向后是用电器部分,图 0-2-5 所示为灯光开关部分电路图。

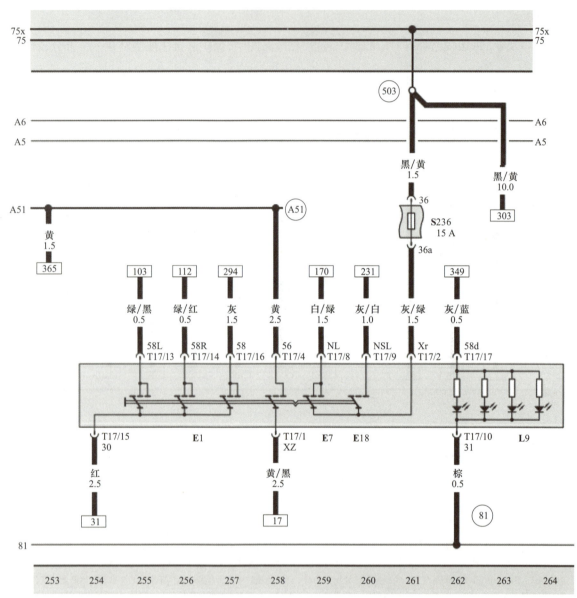

图 0-2-5　帕萨特 1.8T 灯光开关部分电路图

E1—车灯开关,在仪表板左侧出风口下方;E7—前雾灯开关,在仪表板左侧出风口下方;E18—后雾灯开关,在仪表板左侧出风口下方;L9—车灯开关照明灯泡;S236—熔断丝 36,15 A,雾灯熔断丝,在仪表板左侧熔断丝架上;T17—17 针插头,黑色,车灯开关插头;⑧1—接地连接线(31),在仪表板线束内;⑤03—正极螺栓连接点(75x),在中央电器板上;A51—连接线(56),在仪表板线束内

4. 用电器与车身搭铁

如图 0-2-6 所示，电流最后流经用电器，经车身搭铁返回蓄电池负极。

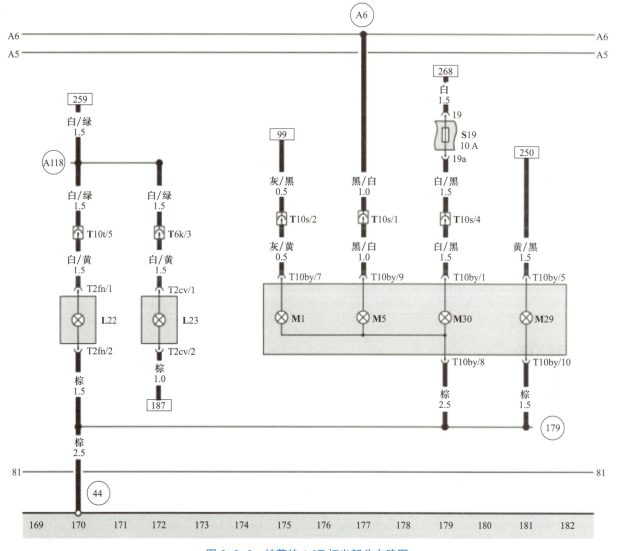

图 0-2-6　帕萨特 1.8T 灯光部分电路图

L22—左侧前雾灯灯泡，在前保险杠前部左侧；L23—右侧前雾灯灯泡，在前保险杠前部右侧；M1—左侧停车灯灯泡，在左大灯内；M5—左前转向信号灯灯泡，在左大灯内；M29—左侧近光灯灯泡，在左大灯内；M30—左侧远光灯灯泡，在左大灯内；S19—熔断丝19，10 A，左侧远光灯灯泡熔断丝，在仪表板左侧熔断丝架上；T2cv—2 针插头，黑色，右侧前雾灯灯泡插头；T2fn—2 针插头，黑色，左侧前雾灯灯泡插头；T6k—6 针插头，红色，在右 A 柱处 9 号位（用于装备 V6 发动机标识字母 BBG 和无导航系统的车型）；T6k—6 针插头，红色，在右 A 柱处 10 号位（用于装备 1.8T 带导航系统的车型）；T10s—10 针插头，淡红色，在左 A 柱处 10 号位；T10t—10 针插头，红色，在左 A 柱处 9 号位；T10by—10 针插头，黑色，左大灯插头；㊹—接地点，在中央继电器板左侧前部；⑰⑨—接地连接线，在左前照灯线束内；Ⓐ⑥—正极连接线（左转向信号），在仪表板线束内；Ⓐ118—连接线，在仪表板线束内

三、实施与检查

根据资讯内容，自行设计一个汽车室内照明灯光系统电路图，画在下面的表格中，并在实训车辆上检查保护装置、开关部分的电压值。

四、评价

根据本任务内容，评价遇到的问题与注意事项。

五、练习题

问题一：

一辆轿车的室内照明灯全部不工作了，师傅让小王先检查室内照明的保护装置，再检查开关部分。汽车电路的各个部分组成是什么样的？

问题二：

汽车电路的组成，在下图中分别为：

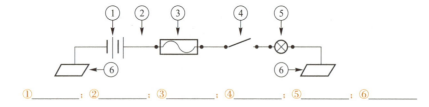

①_____；②_____；③_____；④_____；⑤_____；⑥_____

问题三：

汽车电路的电源系统，主要的获得方式有_____、_____、通过点火开关控制继电器供电三种形式。

问题四：

汽车导线根据流经的电流大小分成不同的粗细线束，为了区分方便颜色各不相同，一般供电线为_____色，接地线以_____色和_____色为主，双色线一般为_____线，导线的颜色在寻找故障线束时可以作为判断的依据之一。

问题五：

在电路中存在过大电流时，保护装置会断开电路连接，对用电器起到保护作用，_____、电路断电器及易熔线等都是保护装置。用电器的保护装置绝大多数情况下安装在电源的_____，开关的_____线路中，在保护装置工作时可以断开到开关的电源，避免开关带电。

问题六：

汽车中的电动机、_____、_____、_____、各种电子控制器件和部分传感器等都属于用电器，一个汽车电路的最终目的是在对应的工况下，让用电器工作，用电器是每个电路存在的意义。在汽车电路中所有的用电器都是并联在一起的。

问题七：

汽车电路中电源的_____与车身相连接，汽车用电器电路的负极直接连接到车身上，整个车身相当于一个大的负极连接线束，形成回路。因此，在检测时如果需要接到电源负极可以直接与车身相连接。

六、课后思考

根据图 0-2-1，参考图 0-2-2、图 0-2-3、图 0-2-4、图 0-2-5、图 0-2-6，分析汽车电路图的布置特点，熔断丝一般放置在电源正极的后面，开关的前面，用电器一般放置在开关的后方，这样放置的目的是什么？

任务三　汽车电路检查方法

工作情景描述

一辆轿车的室内照明灯全部不工作了，师傅让小王先检查室内照明的保护装置，再检查灯泡部分，应该用什么工具？如何进行检查？

学习目标

通过本任务学习，应能：
1. 掌握利用电压检查电路通断的方法；
2. 掌握利用电阻检查电路通断的方法；
3. 掌握检查电路短路的方法。

一、资讯

（一）利用电压检查电路

检查电路电压时，确保电路处于回路状态，让检查点存在电压。如图 0-3-1 所示，电路的开关保持在闭合状态，如果电路中有继电器等要在工作状态。利用电压测量时，将万用表置于直流电压挡合适的量程上，黑色表笔接在公共 COM 端子，红色表笔接在标有"V"的孔处，将两表笔以并联方式与被测元器件（或电路）相接，例如在图中分别检查 A、B、C、D、E、F 等节点的电压，当节点之间的电压出现不正常的压降时，可以判定两个节点之间是否存在故障。也可以用测试灯笔代替万用表，利用测试灯笔的正常与否确定状态。

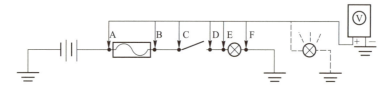

图 0-3-1　利用电压检查电路方法示意图

（二）利用电阻检查电路

检测电路电阻时，首先要确保断开蓄电池端子或线束，使检查点之间不存在电压。将欧姆表的两根引线与每个检查点连接，将万用表置于电阻（Ω）挡，根据被测元件的大小选择合适的挡位，黑色表笔接在公共端，红色表笔接在标有"Ω"的孔处。

利用万用表电阻挡进行检查时要注意检查电路的判断，如图 0-3-2 所示，在该图中，ECU 作为灯光的控制开关，在检查灯泡 A 的电阻时，如果在线路上直接检查 A 两端的电阻很有可能是通路状态，A 灯泡两端一端直接与车身搭铁，另一端与 ECU 相连接，ECU 最后也有与车身相连接的搭铁线，即使灯泡现在是断路状态也可以检查到通路状态，同样道理适用于开关、熔断丝等位置的检查。因此在利用电阻检查电路时，要分析清楚电路的整个情况，进行几种不同的方案检查验证，能从电路分离出来检查的

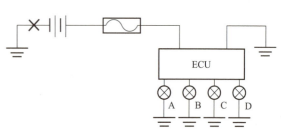

图 0-3-2　ECU 控制的灯光电路示意图

部件,尽量避免在电路中进行测量,确保检查的准确性。

利用蜂鸣挡进行检查时,只能判定电路是通路状态,对电路具体情况不能完全判定没有问题。例如一些电路在老化、破损时会出现电路线路阻值偏大的现象,导致系统工作不正常,但线路通路正常,因此测量时利用电阻挡检查要特别注意电阻值的异常现象。

特别值得注意的是,针对一些内部含有小的控制单元的开关、传感器等部件,要先查阅相关维修资料,确认是否可以使用欧姆挡测量阻值,否则万用表本身的电压有可能造成控制单元内部短路的问题。

(三) 电路短路的检查

车辆出现短路的情况,通常是线路和车身出现了搭铁现象,主要原因:车辆老化导致线路开裂,车辆改装不正确,线路过热老化、维修、事故等造成线路破损,导线或插头进水等导致短路。可通过检查配线与车身(搭铁)是否导通来判断短路的部位,如图0-3-3所示。

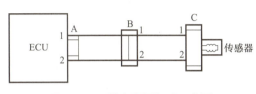

图0-3-3　检查电源短路示意图

脱开连接器A和C,测量连接器A的端子1和端子2与车身之间的电阻值。如果测得的电阻值分别为0和∞,则连接器A的端子1与连接器C的端子1的配线与车身之间有搭铁短路故障。

脱开连接器B,分别测量连接器A的端子1和连接器C的端子1与车身之间的电阻值。如果测得的电阻值分别为∞和0,则可以判定:连接器B的端子1与连接器C的端子1之间的配线与车身之间有搭铁短路故障。

二、决策与计划

(一) 熔断丝的检查方法

熔断丝的检查方法有三种:观察法、电压检查法和电阻检查法。观察法需要取下熔断丝,检查熔断丝的熔断情况,熔断丝熔断一般可以看到熔断的熔断丝或是烧蚀发黑的现象。电压检查法需要保持熔断丝在电路上,用电压挡检查熔断丝上的两个检查触电的电压,这种检查的优点在于保持电路的工作状态,可以检查整个电路的工作情况。电阻检查法需要取下熔断丝,测量熔断丝的组织,该方法最直接,也最准确,检查时要保证是在拆卸下来的情况,不能在电路上检查检点的电阻。

(二) 继电器的检查方法

继电器分为控制电路和工作电路两部分,如图0-3-4中,T和86引脚是控制电路引脚,30、87a和87均为工作电路引脚。先检查控制电路引脚两端的电阻值,因为控制电路是线圈绕组,阻值一般为几十欧,过大的电阻说明控制电路绕组存在问题。在保证控制电路正常的情况下,选取两个导线,连接控制电路的两个引脚,将一个引脚先与电源负极连接,另一个引脚点触电源正极,听继电器是否有吸合工作的声音,将正负极连接好,检查工作电路的电阻情况。

图0-3-4　继电器的检查

（三）搭铁点的检查方法

搭铁点的检查与短路的检查类似，如图 0-3-5 所示，在准备确定车身搭铁点是否搭铁良好时，将万用表欧姆挡正负极分别和搭铁点与电源负极相连接，电阻为零即可确定搭铁点与电源负极是相通的，导通性良好。

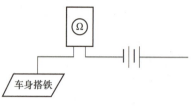

图 0-3-5　搭铁点的检查

特别值得注意的是，在检测搭铁点时，往往会出现阻值不为零的情况，这是因为搭铁点的位置选取的地方可能存在和其他线路有回路现象，测到了其他设备的阻值，为了避免这种状况，最准确的测量是找到确认的自身搭铁点，对该搭铁点进行测量。

（四）开关的检查方法

进行开关检查时一般将开关与插接器分离开，通过电路图确定在每个挡位的工作情况，例如在图 0-3-6（a）中，开关 D 有三个挡位，在第二个挡位时 30 分别与 X、15 引脚接通，对应开关检查时，在分离状态打开到第二个挡位，检查 30 与 X、15 引脚的接通情况，同样方法检查每个挡位的引脚接通情况，例如在图 0-3-6（b）中，点火开关拨动到对应挡位，通过万用表检测开关引脚，从而判断开关的状态是否正常。

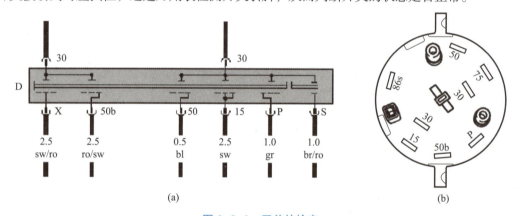

图 0-3-6　开关的检查
（a）点火开关电路图部分；（b）点火开关实物引脚示意图

🚗 三、实施与检查

根据资讯内容，检查室内灯的熔断丝、线路电压值、开关等，将检测数值记录在下面的表格中。

四、评价

根据本任务内容，评价遇到的问题与注意事项。

五、练习题

问题一：

检查电路电压时，确保电路处于_____状态，让检查点存在电压。如图 0-3-1 所示，电路的开关保持在_____状态，如果电路中有继电器等要在工作状态。利用电压测量时，将万用表置于直流电压挡合适的量程上，黑色表笔接在公共 COM 端子，红色表笔接在标有_____的孔处，将两表笔以并联方式与被测元器件（或电路）相接，例如在图中分别检查 A、B、C、D、E、F 等节点的电压，当节点之间的电压出现不正常的压降时，可以判定两个节点之间是否存在故障。也可以用_____代替万用表，利用测试灯笔的正常与否确定状态。

问题二：

检测电路电阻时，首先要确保_____蓄电池端子或线束，使检查点之间不存在_____。将欧姆表的两根引线与每个检查点连接，将万用表置于_____挡，根据被测元件的大小选择合适的挡位，黑色表笔接在公共端，红色表笔接在标有_____的孔处。

问题三：

利用万用表电阻挡进行检查时要注意检查电路的判断，如图 0-3-2 所示，在该图中，ECU 作为灯光的_____，在检查灯泡 A 的电阻时，如果在线路上直接检查 A 两端的电阻很有可能是通路状态，A 灯泡两端一端直接与_____搭铁，另一端与 ECU 相连接，ECU 最后也有与车身相连接的搭铁线，即使灯泡现在是断路状态也可以检查到通路状态，同样道理适用于开关、熔断丝等位置的检查。因此在利用电阻检查电路时，要分析清楚电路的整个情况，进行几种不同方案的检查验证，能从电路分离出来检查的部件，尽量避免在电路中进行测量，确保检查的准确性。

问题四：

利用_____挡进行检查时，只能判定电路是通路状态，对电路具体情况不能完全判定没有问题。例如一些电路在老化、破损时会出现电路线路阻值偏大的现象，导致系统工作不正常，但线路通路正常，因此测量时利用电阻挡检查要特别注意电阻值的异常现象。

问题五：

车辆出现短路的情况，通常是_____和_____出现了搭铁现象，主要原因：车辆老化导致线路开裂，车辆改装不正确，线路过热老化，维修、事故等造成线路破损，导线或插头进水等导致短路。可通过检查配线与_____是否导通来判断短路的部位。

问题六：

如图 0-3-3 所示，脱开连接器 A 和 C，测量连接器 A 的端子 1 和端子 2 与车身之间的电阻值。如果测得的电阻值分别为_____和_____，则连接器 A 的端子 1 与连接器 C 的端子 1 的配线与车身之间有搭铁短路故障。

问题七：

如图 0-3-3 所示，脱开连接器 B，分别测量连接器 A 的端子 1 和连接器 C 的端子 1 与车身之间的电阻值。如果测得的电阻值分别为_____和_____，则可以判定连接器 B 的端子 1 与连接器 C 的端子 1 之间的配线与车身之间有搭铁短路故障。

问题八：

熔断丝的检查方法有三种：观察法、_____检查法和_____检查法。观察法需要取下熔断丝，检查熔断丝的熔断情况，熔断丝熔断一般可以看到熔断的熔断丝或是烧蚀发黑的现象。

问题九：

继电器分为控制电路和工作电路两部分，如图 0-3-4 所示，T 和 86 引脚是控制电路引脚，30、87a 和 87 均为工作电路引脚。先检查控制电路引脚两端的电阻值，因为控制电路是线圈绕组，阻值一般为_____，过大的电阻说明控制电路绕组存在问题。在保证控制电路正常的情况下，选取两个导线，连接控制电路的两个引脚，将一个引脚先与电源负极连接，另一个引脚点触电源正极，听继电器是否有_____的声音，将正负极连接好，检查工作电路的电阻情况。

问题十：

进行开关检查时一般将开关与插接器分离开，通过电路图确定在每个挡位的工作情况，如图 0-3-6 所示，开关 D 有_____个挡位，在第_____个挡位时 30 分别与 X、15 引脚接通，对应开关检查时，在分离状态打开到第二个挡位，检查 30 与 X、15 引脚的接通情况，同样方法检查每个挡位的引脚接通情况，判断开关的状态是否正常。

六、课后思考

一辆车的起动机不工作，锁定故障点在起动继电器上，维修工在检查时，听到电路接通继电器有吸合声音，将继电器取下用导线连接正负极控制引脚，在蓄电池上接通电源，用万用表测试线路端，结果显示线路通路，但放置回该继电器起动机仍不工作，经过反复排查起动线路其他部分无故障，于是维修工更换了一个新的继电器安装在回线路中，故障排除，据此分析该继电器故障的可能成因，在实际中遇到类似问题如何排查效果能更好？

单元测试页　汽车电路检查方法

第一步：资讯环节	教师评价记录
1. 汽车电路的基本组成包括哪些？并举例说明。	
2. 分别画出五脚继电器和四脚继电器的控制电路，并设计一个通过点火开关供电，利用五脚继电器和四脚继电器分别控制两个灯泡点亮的电路。	
第二步：决策与计划环节	
根据电路图分析可以产生故障的位置，画出故障树。	

第三步：实施与检查环节	
1. 根据电路图，利用灯泡、继电器、灯光开关、点火开关部件以及导线等焊接出绘制的电路图实物。	
2. 检查每个连接点处的电压值，根据可能出现的故障点进行故障验证。	
第四步：评价总结	
成绩总评	

项目一
汽车照明信号系统故障诊断与排除

项目描述

本项目主要学习车辆的外部照明信号系统的故障诊断与排除，以前照灯、制动灯、雾灯、转向灯为例进行讲解说明，每个内容由一个具体的故障载体驱动，掌握分析电路的能力，将导论学习到的知识运用到任务中去，通过前两个任务的引导，能够分析电路故障，绘制故障树和流程。

项目内容

任务一　汽车照明信号系统认知；
任务二　前照灯故障诊断与排除；
任务三　制动灯故障诊断与排除；
任务四　雾灯故障诊断与排除；
任务五　转向灯、危险警报灯故障诊断与排除。

项目目标

能阐述故障诊断思路；
能分析汽车照明信号系统故障；
能进行汽车照明信号系统故障的排除工作。

 **汽车照明信号系统认知**

工作情景描述

一辆轿车的尾部示廓灯全都不工作了,师傅让小王先检查其中的一个示廓灯灯泡,如何从尾灯灯具中确定对应的示廓灯?

学习目标

通过本任务学习,应能:
1. 掌握车辆外部灯光系统的作用;
2. 熟悉车辆外部灯光的具体位置;
3. 正确操作灯光的开启与关闭。

一、资讯

一辆机动车上安装的灯具,按规定必须具有外部照明和信号装置,如图 1-1-1 所示。

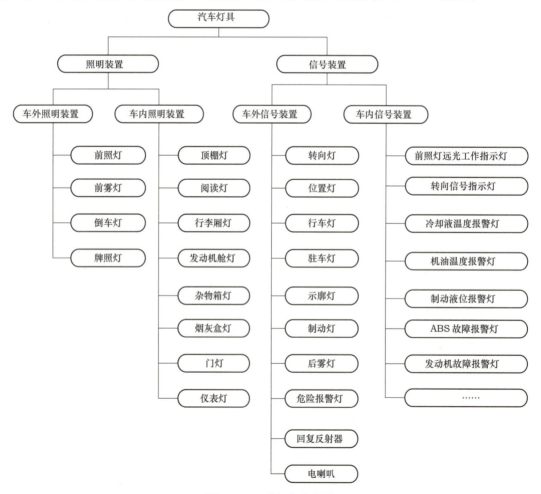

图 1-1-1 车辆灯光分类

(一)外部照明和信号装置

1. 前照灯

前照灯具备提供远距离照明的远光和提供近距离照明且防止对方行人/驾驶员炫目的近光功能。安装位置：车辆前部，左右对称安装，四灯制安装时，其中一对提供远、近光光束，灯对称安装在外侧，另一对提供单远光，对称安装于内侧，光色为白色。

2. 转向灯

转向灯是用于向其他使用道路者表明车辆动态的信号装置。安装于车辆外侧，左侧灯亮表示左转，右侧灯亮表示右转，灯不亮，车辆直行。分前转向灯、后转向灯、侧转向灯（辅助转向灯），闪烁点亮，光色为琥珀色。

3. 制动灯

制动灯用于车辆后方其他道路使用者，表明车辆正在制动，安装于车辆后方，光色为红色。

4. 牌照灯

牌照灯是用于照明后牌照板空间的装置，该装置可由几个光学元件组成。

5. 位置灯

位置灯是表明车辆存在和宽度的装置，分前位置灯（白色）和后位置灯（红色）。

6. 回复反射器

通过外来光源照射后的反射光，向位于光源附近的观察者表明车辆存在的装置。

7. 前雾灯

前雾灯是用于改善在雾、雪、雨或尘埃情况下道路照明的灯具，光色为白色/黄色。

8. 后雾灯

后雾灯为在大雾情况下，从车辆后方观察，使得车辆更为易见的灯具，光色为红色。

9. 倒车灯

倒车灯用于照明车辆后方道路和警告其他使用道路者，车辆正在或即将倒车的灯，光色为白色。

10. 驻车灯

驻车灯是用于引起人们注意，在某区域内有一静止车辆存在的灯具。在此情况下，驻车灯代替前位灯和后位灯。光色：前为白色，后为红色。

11. 其他灯具

示廓灯、侧标志灯为位置灯的延伸，用于车辆前方的灯具，光色只能是白色、黄色，红色不允许出现。

(二)车内照明装置

车内照明装置包括仪表灯、顶棚灯、阅读灯、门灯、行李厢灯及各类指示灯（如按钮指示灯）。目前车内照明灯尚未有强制执行的国际国内标准，照明要求按各主机厂各自的规定执行。

车辆灯光分类如表1-1-1所示。

表1-1-1 车辆灯光分类

灯具种类	光色	安装要求	数量	发光角度（几何可见度）
车外照明装置				
远光灯	白色	强制安装	2只或4只	上、下、内、外各不小5° 总光强 Max < 225 000 cd

续表

灯具种类	光色	安装要求	数量	发光角度（几何可见度）
近光灯	白色	强制安装	2只	上 15°，下 10°，外 45°，内 10° 上、下可调整 ±2.5°
前雾灯	白色或黄色	安装	2只	上、下各 5°，外 45°，内 10° 上、下可调整 ±2.5°
倒车灯	白色	强制安装	1只或2只	上 15°，下 5° 1只时外 45°，内 10° 2只时外 45°，内 30°
牌照灯	白色	强制安装		根据牌照板的照明要求
车内照明装置				
室内灯	白色			无规定
门灯	白色或红色			无规定
转向灯	琥珀色	强制安装		上、下 15°，外 80°，内 45°， （1类，装车前）朝前 上、下 15°，外 80°，内 45°， （2类，装车后）朝后
侧转向灯	琥珀色	强制安装	2只	上、下 15°，外 60°，可见度死角上限 5° （5类）侧面
前位置灯	白色	强制安装	2只	上、下 15°，外 80°，内 45°，朝前
后位置灯	红色	强制安装	2只	上、下 15°，外 80°，内 45°，朝后
制动灯	红色	强制安装	S1 或 S2 2只	S1/S2：上、下 15°，外、内 45°，朝后
后雾灯	红色	强制安装	1只或2只	上、下 5°，左、右 25°，朝后 （如果装1只必须为左灯）
前示廓灯	白色	宽度 > 2.1 m 的汽车必装	2只	上 5°，下 20°，外 80°，朝后
后示廓灯	红色		2只	上 5°，下 20°，外 80°，朝后
非三角形后回复反射器	红色	强制安装	IA类2只	上、下 15°，内外 30°，朝后
非三角形侧回复反射器	琥珀色	长度 > 6 m 的汽车必装		上、下 15°，前后 30°

二、决策与计划

一辆轿车上主要的外部灯光系统位置如图 1-1-2 所示，一般将前照灯、远光灯、示廓灯、转向灯集成在车辆的前部灯罩中，将示廓灯、制动灯、倒车灯、转向灯集成在尾部灯罩中，因此在进行维修前要仔细确认损坏的灯光系统位置，避免将不同的灯光系统进行混淆。

双人手势检查车辆外部灯光

图 1-1-2　车辆的外部灯光系统位置

🚗 三、实施与检查

根据实训车辆，将车辆的灯光系统位置画出来，并在下表中进行名称说明。

左侧车身	左侧前部灯具内	右侧前部灯具内	右侧车身
左侧尾部灯具内	左侧尾部行李厢外部灯具内	右侧尾部行李厢外部灯具内	右侧尾部灯具内
其他说明			

🚗 四、评价

根据本任务内容，评价遇到的问题与注意事项。

五、练习题

补充完整该图中的汽车灯光名称：

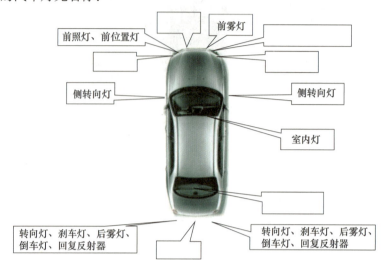

六、课后思考

在不同的车系上灯光的设置各有不同，例如在大众车系中会设置驻车灯，其他车系上往往没有该配置，同样在不同的车上雾灯配置也不相同，再如制动灯的位置，长度也不完全一样，试分析下车辆进行不同灯光配置的原因和作用，以及进行检修时应注意的问题。

任务二 前照灯故障诊断与排除

工作情景描述

一辆轿车的远光灯不工作了,但打开超车灯时却能正常工作,据此判断灯光故障的位置在哪个部分。

学习目标

通过本任务学习,应能:
1. 掌握前照灯的结构和工作原理;
2. 熟悉前照灯电路图;
3. 分析前照灯故障并进行排除。

一、资讯

(一)前照灯系统的作用

前照灯主要指近光灯和远光灯。远光是在没有对开车的道路行驶时的行驶光束,一般用在没有路灯、对面没有行驶车辆的路面上;近光是在照明条件好的道路上或在有对开车的道路上行驶时的会车光束,照射范围比远光灯要小,不会造成对面驾驶员炫目现象。

对前照灯的主要要求:汽车在夜间行驶时,前照灯的远光能照亮车前 100 m 处一定范围内、高 2 m 的物体,保证驾驶员发现前方有障碍物时及时采取制动或绕行措施,确保行车安全。在使用前照灯近光时,不但应保证车前 40 m 处驾驶员能看清障碍物,而且不能让迎面对开的驾驶员或行人产生炫目,以确保汽车在夜间交会车行驶时的安全。

(二)前照灯系统的组成——用电器部分

前照灯一般安装在前部灯具内,如图 1-2-1 所示,和相应的透视镜、反射镜等组合在一起,在工作时形成对应的光束。

图 1-2-1 前照灯总成

汽车的前照灯一般有白炽灯、卤素灯、氙气灯等类型。随着汽车技术的不断发展,过去那种白炽真空灯已先后被淘汰。现在汽车的前照灯以卤素灯、氙气灯、LED 灯为主。

普通白炽灯通过灯内的金属钨在真空环境下发光获得照度,但是金属钨在真空环境下通电,产生光的同时也产生钨蒸气,造成亮度逐渐下降,灯光越用越暗。虽然很多车前照灯仍在使用白炽灯,但是普通白炽灯还是会被逐渐淘汰。

卤素灯，在灯泡内渗入少量的惰性气碘，从灯丝蒸发出来的钨原子与碘原子相遇反应，生成碘化钨化合物，当碘化钨化合物一接触白热化的灯丝时（温度超过 1 450 ℃），又会分解还原为钨和碘，钨又重新归队回到灯丝中去，碘则重新进入气体中。如此循环不已，灯丝几乎不会烧断，灯泡也不会发黑，所以它要比传统的白炽前照灯寿命更长，亮度更大。现在的汽车采用的都是这种前照灯。

卤素灯有其独特的配光结构，每支灯光内有两组灯丝，一组是主光束灯丝，发出的灯光经灯罩反射镜反射后径直向前射去，这种光源称为"远光"；另一组是偏光束灯丝，发出的光被遮光板挡到灯罩反射镜子的上半部分，其反射出去的光线都是朝下漫射向地面，不会对对面来车的驾驶者造成炫目，这种光源称为"近光"。其光线情况如图 1-2-2 所示。

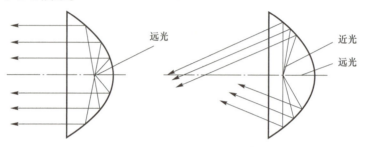

图 1-2-2　近光、远光光线示意图

氙气灯，英文简称是 HID（HID-High Intensity Discharge，高强度放电），其工作原理如图 1-2-3 所示。它所发出的光照亮度是普通卤素灯的 2 倍，而能耗仅为其 2/3，使用寿命可达普通卤素灯的 10 倍。氙气灯极大地增加了驾驶的安全性与舒适性，并且有助于缓解人们夜间行驶的紧张与疲劳。驾车者可在第一时间内发现危险，从而获得足够的反应时间，减少了夜间事故发生率。

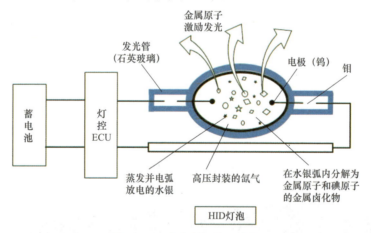

图 1-2-3　氙气灯工作示意图

LED（Light Emitting Diode，发光二极管）是一种能够将电能转化为可见光的半导体，它改变了白炽灯钨丝发光与节能灯三基色粉发光的原理，而采用电场发光。

卤素灯与普通灯泡一样有灯丝，而氙气灯则没有灯丝，这是氙气灯与传统灯具最重要的区别。氙气灯泡拥有比普通卤素灯泡高 3 倍的光照强度，耗能却仅为其 2/3；另外，氙气灯泡采用与日光近乎相同的光色，为驾驶者创造出更佳的视觉条件。但是氙气灯泡在升压的过程中一旦漏电，极易产生高压打火，引起火灾；而 LED 的亮度和电压的大小没有直接的关系，车载 12 V 低压电完全可以驱动 LED 发光。当加载到 LED 的电压一定时，通过 LED 的电流越大，LED 越明亮。

（三）前照灯系统的组成——开关部分

车辆前照灯通过灯光开关进行控制，如图 1-2-4 所示，灯光开关上集成了示廓灯、近光灯、前雾灯和后雾灯开关。打开近光灯，在近光灯开启的情况下才能打开远光灯开关从而打开远光灯。

图 1-2-4　不同的车灯开关

帕萨特 1.8T 领驭灯光开关在仪表盘下方左侧，在关闭的位置，向内按压开光旋转按键，按键会凹进一段距离，随后顺时针旋转按键向外拔取，便可取下灯光开关，如图 1-2-5 所示，在开关的背面是连接的线束插头，在开关上有对应的引脚号码标注，可以和电路图对应起来。

图 1-2-5　帕萨特 1.8T 领驭灯光开关前后示意图

（四）控制单元控制的灯光系统

图 1-2-6 所示为迈腾 B7L 大灯系统控制电路图，在该电路图中灯光的控制原理采用了在图 0-2-2 中所述的控制方法，灯光开关将信号直接传送给车载电网控制单元 J519，J519 再根据该信号控制灯光的供电从而实现灯光的点亮。利用该方案进行灯光控制的优势在于 J519 能够接收其他控制单元的信号，实现综合控制，例如现代车辆上自动大灯等功能，传感器的信号传输给控制单元，控制单元从而根据传感器、开关的信号判断点亮灯光。另外，当灯光控制线路出现故障时，控制单元可以根据综合信号的判定，自动点亮灯光，保证行车安全，所以目前很多车辆出现的开关故障，近光灯常亮就是这种情况。在现代车辆中该控制方案得到了普遍应用。

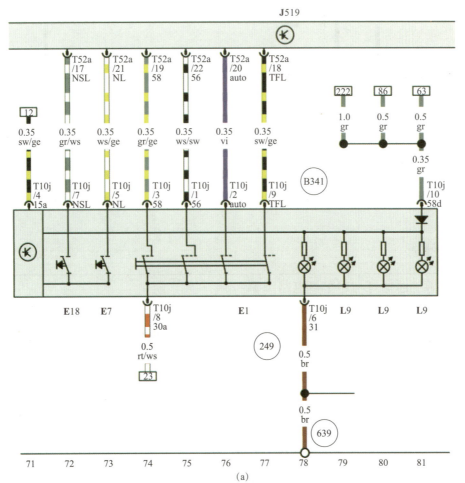

(a)

图 1-2-6　迈腾 B7L 大灯系统控制电路图

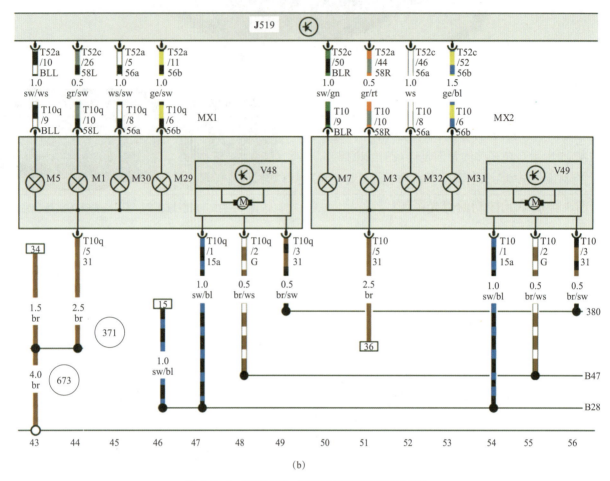

(b)

图 1-2-6　迈腾 B7L 大灯系统控制电路图（续）

（a）迈腾 B7L 灯光开关与控制单元部分；　（b）迈腾 B7L 用电器与控制单元部分
E1—车灯开关；E7—前雾灯开关；E18—后雾灯开关；J519—车载电网控制单元；
M1—左侧停车灯灯泡；MX1—左前大灯；MX2—右前大灯；M3—右侧停车灯灯泡；M5—左前转向信号灯灯泡；
M7—右前转向信号灯灯泡；M29—左侧近光灯灯泡；M30—左侧远光灯灯泡；M31—右侧近光灯灯泡；M32—右侧远光灯灯泡

二、决策与计划

（一）线路分析（远光灯与超车灯电路图）

远光灯与超车灯电源电路图参见图 0-2-2 与图 0-2-3，超车灯电源电流直接从蓄电池正极流出，经过正极螺栓 500，分给远光灯进行供电。远光灯电源系统通过近光灯电源线路供给，电流从蓄电池正极流出，当点火开关拨动到 ON 挡位时，点火开关 D30 引脚与 75 引脚接通，电流从 75 引脚流到灯光开关 E1 处，当 E1 拨动到近光灯挡位时，远光灯供电线路接通，电流从 E1 的 XZ 引脚流入，56 引脚流出，为远光灯线路供电，如图 1-2-7 所示。

远光与超车灯系统电路分析

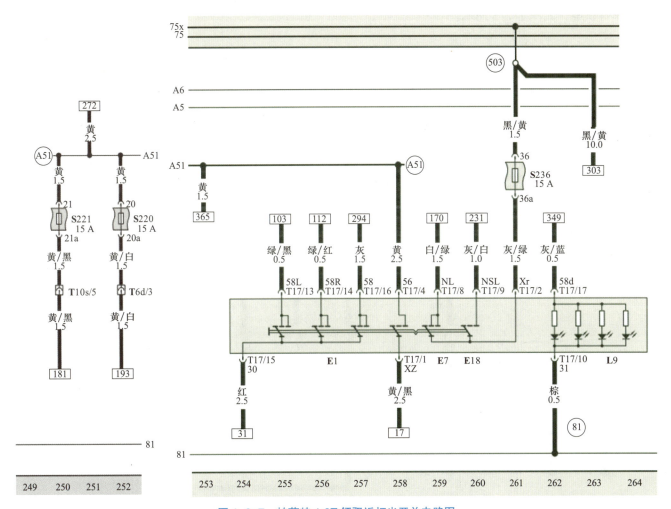

图 1-2-7　帕萨特 1.8T 领驭近灯光开关电路图

E1—车灯开关，在仪表板左侧出风口下方；E7—前雾灯开关，在仪表板左侧出风口下方；E18—后雾灯开关，在仪表板左侧出风口下方；L9—车灯开关照明灯泡；S236—熔断丝 36，15 A，雾灯熔断丝，在仪表板左侧熔断丝架上；T17—17 针插头，黑色，车灯开关插头；⑧1—接地连接线（31），在仪表板线束内；⑤03—正极螺栓连接点（75x），在中央电器板上；Ⓐ51—连接线（56），在仪表板线束内

1. 开关线路

远光灯和超车灯开关集成在灯光开关 E4 里面，当开关向驾驶员侧拨动（在电路图上向左）时，电流从近光灯开关 56 号引脚流出，到达开关 E4 的 56 号引脚，从 56a 引脚流出，为远光灯供电。

当 E4 向驾驶员外拨动（在电路图上向右）时，电流从蓄电池正极直接流到 E4 的 30 引脚，从 56a 流出，为超车灯供电，如图 1-2-8 所示。

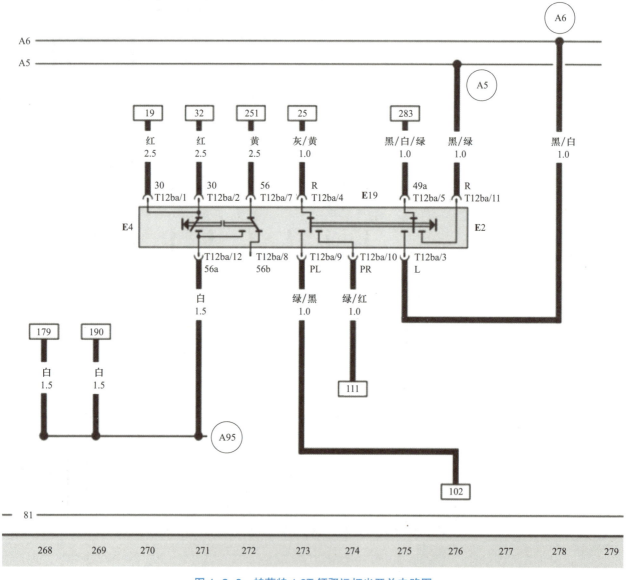

图 1-2-8　帕萨特 1.8T 领驭远灯光开关电路图

E2—转向信号灯开关，在转向柱上部左侧拨杆上；E4—变光开关，在转向柱上部左侧拨杆上；E19—驻车灯开关，在转向柱上部左侧拨杆上；T12ba—12 针插头，黑色，转向开关插头，Ⓐ5—正极连接线（右转向信号），在仪表板线束内，Ⓐ6—正极连接线（左转向信号），在仪表板线束内，Ⓐ95—连接线（56a），在仪表板线束内

2. 用保护装置与用电器（右侧为例）线路

如图 1-2-9 所示，电流从开关流出后，经熔断丝 S18，通过远光灯 M32，最后接地。远光灯和超车灯的灯泡共用 M32，因此保护装置和用电器的线路是一样的。

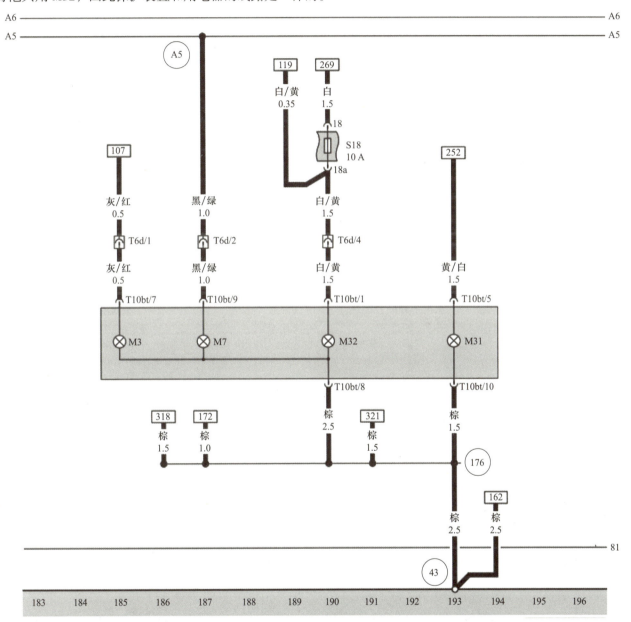

图 1-2-9 帕萨特 1.8T 领驭远灯光保护装置与用电器（右侧为例）电路图

M3—右侧停车灯灯泡，在右大灯内；M7—右前转向信号灯灯泡，在右大灯内；M31—右侧近光灯灯泡，在右大灯内；M32—右侧远光灯灯泡，在右大灯内；S18—熔断丝 18，10 A，远光灯指示灯，右侧远光灯灯泡熔断丝，在仪表板左侧熔断丝架上；T6d—6 针插头，淡红色，在右 A 柱处 8 号位（用于装备无导航系统的车型）；T6d—6 针插头，淡红色，在右 A 柱处 9 号位（用于装备 1.8T 带导航系统的车型）；T6d—6 针插头，淡红色，在右 A 柱处 10 号位（用于装备 V6 发动机标识字母 BBG 的车型）；T10bt—10 针插头，黑色，右大灯插头；�43—接地点，在右 A 柱下面中部；⑰6—接地连接线，在右前照灯线束内；Ⓐ5—正极连接线（右转向信号），在仪表板线束内

（二）线路简图

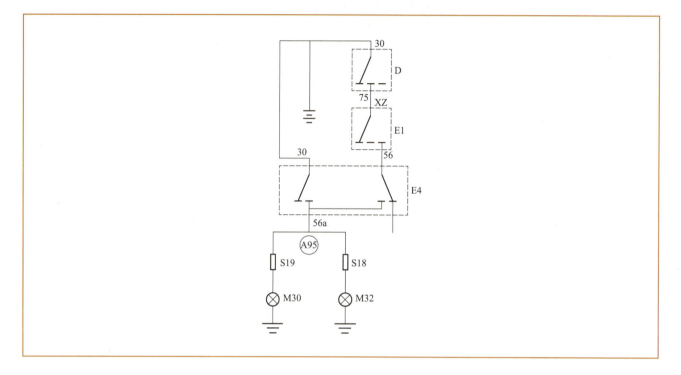

（三）故障分析

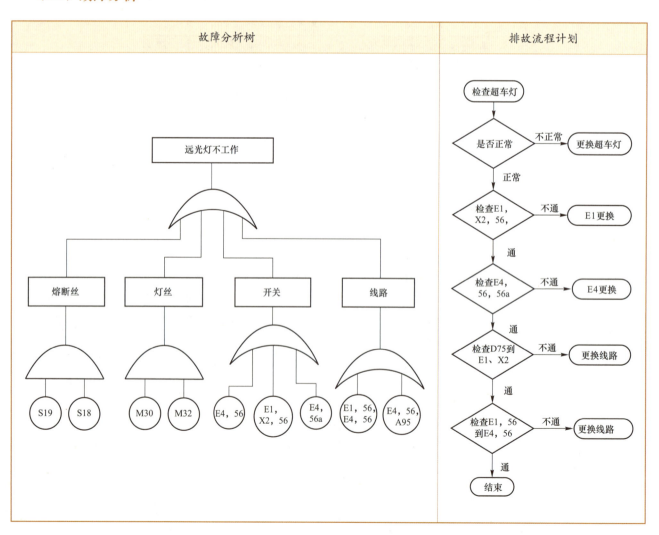

三、实施与检查

（一）根据决策和计划环节分析进行对应的实施，相应检测的电阻、电压等数值记录在下表中

（二）汽车前照灯系统常见故障

1. 灯光不亮

如果左右两侧的前照灯全都不亮，很可能是熔断器烧断了。检查一下相关的熔断器。针对熔断器熔断的情况，只要换上一个相同容量的熔断器即可。

如果是1个前照灯不亮，很可能是前照灯的电源线插座接触不好。可以采取用手敲一下不亮的前照灯灯罩的方式进行检查，如果前照灯能瞬间亮灯，可以判定是插座接触不良。将前照灯的电源线插座拔下来，重新接回，问题就能获得解决。

如果是灯泡的使用寿命到了，例如近光灯的灯泡坏了，这时不得强行驾车行驶。虽然可以用远光灯驾车行驶，但是将给对面的车辆造成许多麻烦。可以在前照灯的灯罩上部粘贴胶带纸，用胶带纸把灯罩上部遮盖1/3左右。当然，由于行李厢中的货物质量不同，到底应该把灯罩上部遮盖多少才好，应该视具体情况而定。

如果喇叭能响，仅除前照灯外其他车灯都能正常发亮，说明故障可能是前照灯电路断路、接线柱松脱、灯丝脱落等。可以应用导线短接法查出断路部位，并予以重接或更换。

2. 灯光亮度不同

如果接通前照灯后，不论是远光还是近光，均只有一侧前照灯灯光较亮，而另一侧前照灯灯光暗淡，其原因主要：灯光暗淡一侧的前照灯的灯头与灯架间、灯泡与灯头间、灯架与车架间接触不良或锈蚀，使接触电阻增大；灯光暗淡一侧的前照灯的反射镜发生了氧化或积有灰尘。可用导线短接法迅速判明故障部位，并予以排除。

3. 灯泡频繁烧坏

灯泡频繁烧坏的原因一般是电压调节器不当或失调，使发电机输出电压过高所致，应重新将输出电压调整到正常工作范围。

四、评价

根据本任务内容，评价遇到的问题与注意事项。

五、练习题

问题一：

前照灯主要指_____和_____。

问题二：

前照灯一般安装在前部灯具内，如图 1-2-1 所示，和相应的_____、_____等组合在一起，在工作时形成对应的光束。

问题三：

帕萨特 1.8T 领驭灯光开关在_____下方左侧，在关闭的位置，向内按压开光旋转按键，按键会凹进一段距离，随后_____旋转按键向外拔取，便可取下灯光开关。

问题四：

远光灯与超车灯电源电路图参见图 0-2-2 与图 0-2-3，超车灯电源电流直接从蓄电池正极流出，经过正极螺栓 500，分给远光灯进行供电。远光灯电源系统通过近光灯电源线路供给，电流从蓄电池正极流出，当点火开关拨动到_____挡位时，点火开关 D30 引脚与 75 引脚接通，电流从 75 引脚流到灯光开关_____处，当 E1 拨动到近光灯挡位时，远光灯供电线路接通，电流从 E1 的_____引脚流入，56 引脚流出，如图 1-2-7 所示。

问题五：

如图 1-2-8 所示，远光灯和超车灯开关集成在灯光开关_____里面，当开关向驾驶员侧拨动（在电路图上向左）时，电流从近光灯开关_____号引脚流出，到达开关 E4 的 56 号引脚，从 56a 引脚流出，为远光灯供电。

当 E4 向驾驶员外拨动（在电路图上向右）时，电流从蓄电池正极直接流到 E4 的 30 引脚，从 56a 流出，为_____供电。

问题六：

如果接通前照灯后，不论是远光还是近光，均只有一侧前照灯灯光较亮，而另一侧前照灯灯光暗淡，其原因主要：_____。

问题七：

灯泡频繁烧坏的原因一般是_____不当或失调，使发电机输出电压过高所致，应重新将输出电压调整到正常工作范围。

六、课后思考

一辆帕萨特 1.8T 领驭车辆出现了左侧近光灯昏暗，右侧近光灯正常的现象，维修工更换了左侧近光灯灯泡，发现仍然出现该故障现象，此时应该从哪方面考虑故障原因？

任务三 制动灯故障诊断与排除

工作情景描述

一辆轿车，无论是否踩制动踏板，制动灯都一直亮，据此分析故障存在的位置和原因。

学习目标

通过本任务学习，应能：
1. 掌握制动灯的结构和工作原理；
2. 熟悉制动灯电路图；
3. 分析制动灯故障并进行排除。

一、资讯

（一）制动灯系统的作用

制动灯，一般安装在车辆尾部，主体颜色为红色，增强光源的穿透性，这样后面行驶的车辆即使在能见度较低的情况下也易于发现前方车辆制动，防止追尾事故发生。简单的车型就是电源通过保险，然后到制动开关，踩下制动踏板进行制动时，开关连通，电被送到两个制动灯和一个高位制动灯那里，通过负线与车体连接构成回路。

（二）制动灯系统的组成——用电器部分

制动灯安装在尾部灯具内，如图1-3-1所示，光线通过红色的透视镜形成红色的光线。

根据制作制动灯的材料不同，可分为气体制动灯与LED制动灯。气体制动灯，即使用的材料为气体，如卤素。气体制动灯，技术成熟，价格低，但会产生辐射，里面含有汞，外壳是玻璃做成的，容易破碎，导致污染环境。LED制动灯，即使用的材料是LED。由LED做成的制动灯，无辐射，无污染，使用寿命长，理论达到6万小时，在汽车报废期间不用换灯泡。LED制动灯的价格较贵，在国内，近两年的发展开始加快。

图1-3-1 帕萨特1.8T尾部灯具

（三）制动灯系统的组成——开关部分

1. 机械式制动灯开关

机械式制动灯开关安装在制动踏板后方，采用4个引脚，2个引脚连接供电线，1个引脚常开连接制动灯线路，1个引脚常闭连接发动机控制单元，如图1-3-2所示。制动灯开关里面由弹簧等部件组成，在踩踏制动踏板时，制动灯常开开关闭合，制动线路接通，制动灯亮，此时常闭开关断开，发动机控制单元收到制动信号，进行减少喷油量等控制。当松开制动踏板时，制动开关里面的弹簧将开关复位断开线路，制动灯熄灭。

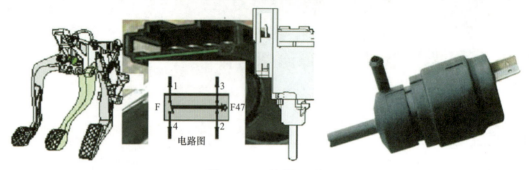

图 1-3-2 制动灯开关

2. 霍尔式制动灯开关

传统的机械开关在长时间使用后会出现滑片磨损的情况，信号稳定性差，随后出现的霍尔式制动灯开关实际上为一个霍尔式传感器，安装在制动主缸上，如图 1-3-3 所示，开关内部电路板上设计两个霍尔芯片，制动主缸材料采用铸铝材料，主缸活塞上需设计一永久磁性环，作为信号触发用。

图 1-3-4 所示为 2012 款迈腾 B7L 制动灯开关电路示意图，其中制动灯开关 F 有三个引脚，一条通过保险 SB20 进行供电，一条为接地线，另外一条为信号线，分别与发动机控制单元 J623 和车载电网控制单元 J519 相连，在制动踏板踩下时，发动机控制单元根据信号进行减少喷油量等控制，车载电网控制单元则根据信号点亮制动灯。

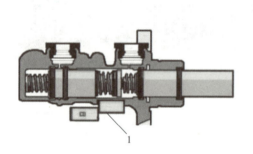

图 1-3-3 霍尔式制动灯开关安装位置
1—霍尔式制动灯开关

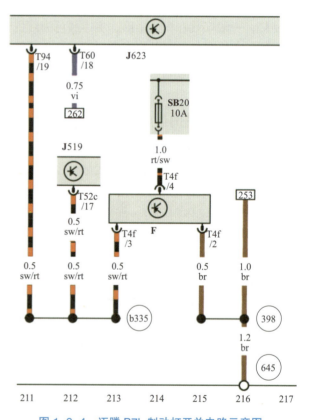

图 1-3-4 迈腾 B7L 制动灯开关电路示意图
F—制动灯开关；J623—发动机控制单元；J519—车载电网控制单元；
SB20—熔断丝；645—前围板上的接地点

在该制动开关的设计过程中采用了"冗余设计"的思路，当车载电网控制单元 J519 与制动灯开关的线路出现断路情况时，制动灯仍然可以正常使用，这时发动机接收到制动灯开关信号将代替 J519 的制动灯开关信号，该信号通过发动机控制单元与车载电网控制单元 J519 连接的 CAN 总线传输给 J519，此外为保证安全，发动机控制单元接收的制动灯开关信号相比车载电网控制单元 J519 接收的制动灯开关信号更灵敏。通过共享开关信号数据，不仅提高了可靠性，又能互相校验信号的可信度。

二、决策与计划

（一）线路分析

1. 电源线路

参见图 0-2-3、图 0-2-4，制动灯电源由蓄电池电源直接供电，电流从蓄电池出来经 500 正极接线柱到 501 正极接线柱，通过制动灯熔断丝 S13 为制动灯线路提供电源。

制动灯系统电路分析

2. 开关线路

如图 1-3-5 所示，当踩下制动踏板时，制动灯开关 F 接通，电流从 S13 流出，到制动灯开关 F 的 1 号引脚，从制动灯开关 F 的 4 号引脚流出，通过红/黑 1.0 导线流向制动灯。

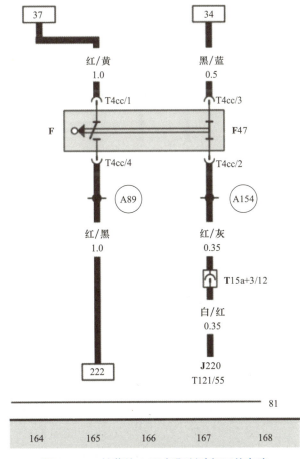

图 1-3-5 帕萨特 1.8T 领驭制动灯开关电路

F—制动灯开关，在制动踏板上方；F47—制动踏板开关，在制动踏板上方；J220—Motronic 发动机控制单元，在排水槽左侧防护罩内

特别值得注意的是与制动灯开关安装在一起的 F47 制动踏板开关，当制动灯开关 F 闭合时，F47 断开，当 F 断开时，F47 闭合，F47 的主要作用是在制动时为发动机控制单元 J220 提供踩下制动踏板的信号。

3. 用电器线路

如图 1-3-6 所示，电流从开关流出到达插头 T6c/2，通过正极连接线 W1 与 M9、M10 和 M25 并联，最后分别接地，完成电路循环。

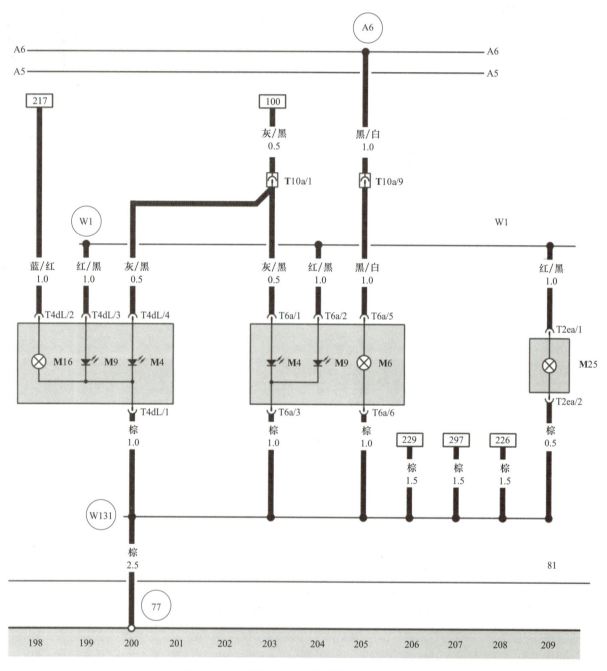

图 1-3-6 帕萨特 1.8T 领驭制动灯用电器电路

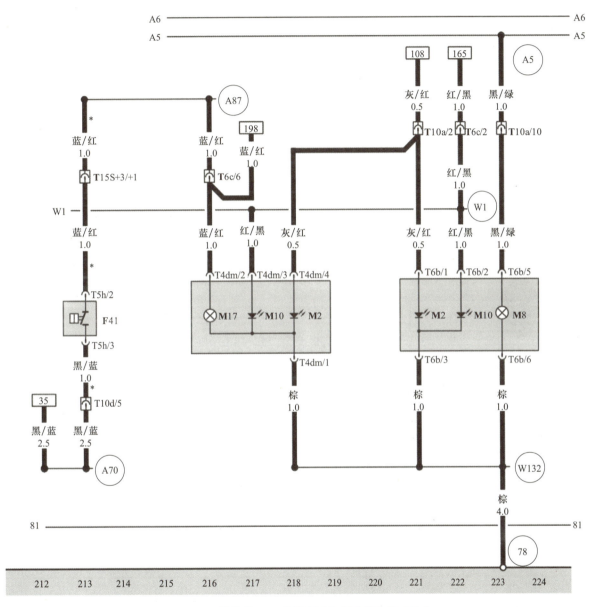

图 1-3-6　帕萨特 1.8T 领驭制动灯用电器电路（续）

M4—左侧尾灯灯泡，在左尾灯内；M6—左后转向信号灯灯泡，在左尾灯内；
M9—左侧刹车灯灯泡，在左尾灯内；M10—右侧倒车灯灯泡，M16—左侧倒车灯灯泡，在行李厢盖后部左侧；
M25—高位刹车灯灯泡，在后窗玻璃下方中间；T2ea—2 针插头，黑色，高位刹车灯灯泡插头；
T4dL—4 针插头，黑色，左尾灯插头；T6a—6 针插头，黑色，左尾灯插头；T10a—10 针插头，棕色，在左 A 柱处 8 号位；
⑰—接地点，在左 B 柱下部；Ⓐ⑥—正极连接线（左转向信号），在仪表板线束内；
Ⓦ①—正极连接线（54），在车身线束内；Ⓦ⒅—接地连接线（31），在车身线束内

（二）线路简图

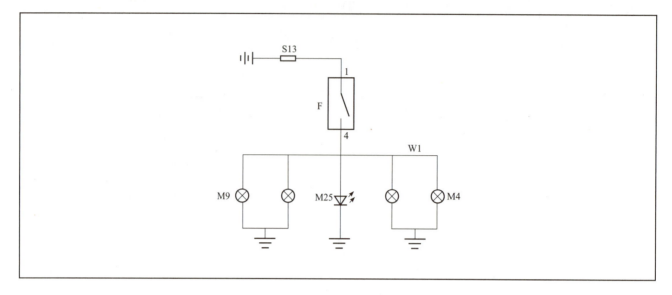

（三）故障分析

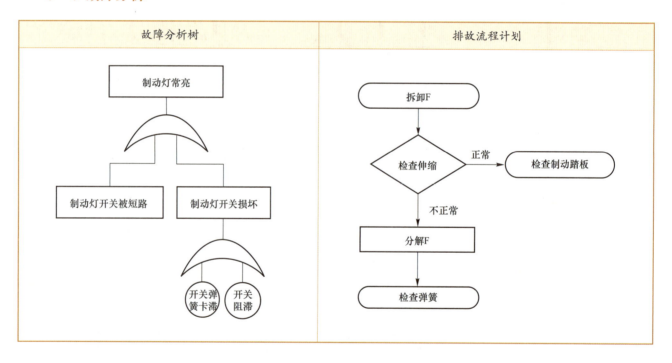

三、实施与检查

（一）根据决策和计划环节分析进行对应的实施，检测的电阻、电压等数值记录在下表中

（二）制动灯常见故障

1. 制动灯常亮

多为制动灯开关坏，同时电子节气门控制系统的 EPC 灯亮，在发动机控制单元中可以调出 17087 故障码。制动开关有 F 和 F47（F 为常开型，F47 为常闭型）。F 闭合时信号到制动灯、ABS、发动机 ECU；同时 F47 断开到发动机 ECU 的 15 号电。当制动开关失灵时，发动机 ECU 得到错误信息，同时点亮电子节气门控制系统的 EPC 灯并出现故障码。

对于自动挡的车来说，制动灯开关坏会导致变速杆挡位无法移动，因为自动变速器换挡锁止电磁阀 N110 需要制动信号。

2. 制动灯不亮

行车制动时，汽车的制动灯不亮，主要原因：灯丝烧断、搭铁不良、制动灯开关失灵或线路中有断路。检查时，先拆下制动灯灯泡，检查灯丝是否完好。在踏下制动踏板的同时，用螺丝刀或导线将制动灯火线接线柱与搭铁刮火：若有火，制动灯不亮，表明搭铁不良；若无火，表明可能是制动灯开关失灵或线路有断路处。再用螺丝刀或导线将制动灯开关的两接线柱短路；若制动灯亮，则说明制动灯开关有故障，应予更换或修理；若制动灯仍不亮，表明线路中有断路处，找出后予以排除。

四、评价

根据本任务内容，评价遇到的问题与注意事项。

五、练习题

问题一：

制动灯，一般安装在车辆尾部，主体颜色为＿＿＿＿＿＿色，增强光源的穿透性，这样后面行驶的车辆即使在能见度较低的情况下也易于发现前方车辆制动，防止追尾事故发生。简单的车型就是电源通过保险，然后到＿＿＿＿＿＿，踩下制动踏板进行制动时，开关连通，电被送到两个制动灯和一个高位制动灯那里，通过负线与车体连接构成回路。

问题二：

如图 1-3-5 所示，当踩下制动踏板时，制动灯开关 F 接通，电流从＿＿＿＿＿＿流出，到制动灯开关 F 的 1 号引脚，从制动灯开关 F 的 4 号引脚流出，通过红 / 黑 1.0 导线流向制动灯。

特别值得注意的是与制动灯开关安装在一起的 F47 制动踏板开关，当制动灯开关 F 闭合时，F47 断开，当 F 断开时，F47 闭合，F47 的主要作用是在制动时为＿＿＿＿＿＿提供踩下制动踏板的信号。

问题三：

行车制动时，汽车的制动灯不亮，主要原因：＿＿＿＿＿＿、＿＿＿＿＿＿、＿＿＿＿＿＿失灵或线路中有断路。检查时，先拆下制动灯灯泡，检查＿＿＿＿＿＿是否完好。在踏下制动踏板的同时，用螺丝刀或导线将制动灯火线接线柱与搭铁刮火：若有火，制动灯不亮，表明搭铁不良；若无火，表明可能是制动灯开关失灵或线路有断路处。再用螺丝刀或导线将制动灯开关的两接线柱短路，若制动灯亮，则说明制动灯开关有故障，应予更换或修理；若制动灯仍不亮，表明线路中有断路处，找出后予以排除。

六、课后思考

一辆轿车的高位制动灯亮了，维修工检查高位制动灯的电阻，发现为无穷大，此时该维修工立即更换了新的高位制动灯，发现该制动灯仍未工作，这是什么原因？

任务四 雾灯故障诊断与排除

工作情景描述

一辆轿车打开雾灯时,发现前雾灯可以正常工作,但后雾灯完全不亮,据此分析灯光故障的原因。

学习目标

通过本任务学习,应能:
1. 掌握雾灯的结构和工作原理;
2. 熟悉雾灯电路图;
3. 分析雾灯故障并进行排除。

一、资讯

(一)雾灯系统的作用

遇到雾、雨、雪天气,视线不清时,就必须打开前雾灯,白天也不能例外。许多车型都将雾灯设计成与位置灯或近光灯共同使用。防雾灯分前雾灯和后雾灯,前雾灯一般为明亮的黄色,后雾灯则为红色。后雾灯的标志和前雾灯有一点区别,前雾灯标志的灯光线条是向下的,后雾灯的是平行的,一般位于车内的仪表控制台上。由于防雾灯亮度高、穿透性强,不会因雾气而产生漫反射,因此正确使用能够有效预防事故的发生。在有雾的天气,前后雾灯通常是一起使用的,图1-4-1所示为前后雾灯示意图。

图1-4-1 前后雾灯示意图

(二)雾灯系统的组成——用电器部分

雾灯单独安装在雾灯总成内,如图1-4-2所示,与近光灯、远光灯不同,由于雾灯的功率相对较大,故车辆上一般有专门的继电器控制雾灯的接通,雾灯属于耗电量较大的用电器设备。

(三)雾灯系统的组成——开关部分

如图1-4-5所示,雾灯的开光和灯光开关集成在一起,打开前雾灯时,先把灯光开关打到1挡或2挡,然后把雾灯开关打到1挡;打开后雾时,首先把灯光开关打到1挡或2挡,然后把雾灯开关打到2挡,此时前后雾灯都会亮。

图1-4-2 前雾灯总成

(四)雾灯控制原理

雾灯功率较高,属于大功率用电设备,一般汽车电路上普遍采用雾灯开关控制雾灯继电器工作,从而实现控制雾灯工作的方案。如图1-4-3所示,在别克君威电路中,后雾灯开关关闭时,车身控制模块雾灯开关信号接收端对地短路,车身模块控制后雾灯继电器工作端接地,电流从熔断丝F3-F4流入,经过后雾灯继电器绕组,通过车身控制模块(BCM)接地,后雾灯继电器工作,电流流过继电器到左、右后雾灯,实现后雾灯工作。

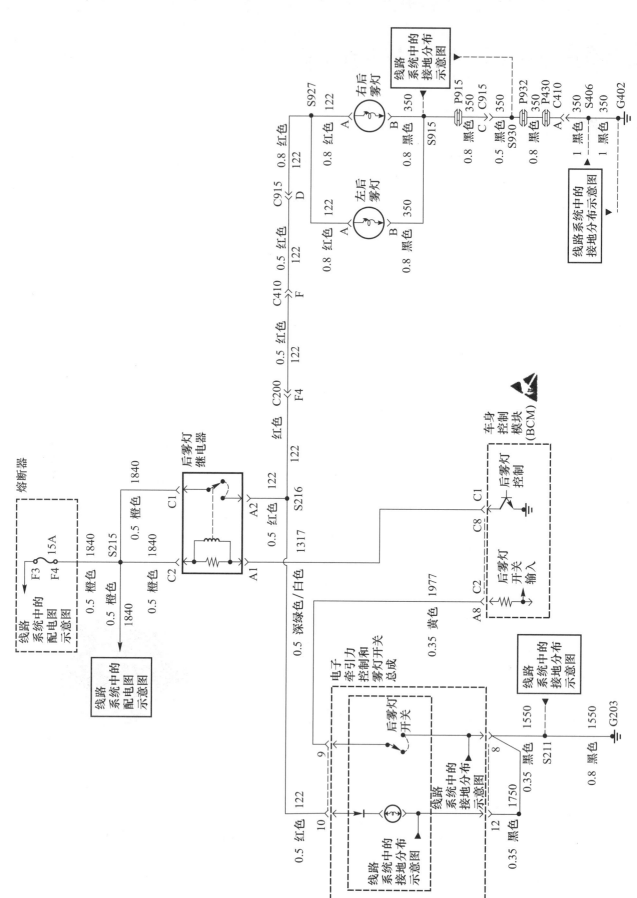

图 1-4-3 别克君威后雾灯控制原理

如在图 1-2-6（a）中，在迈腾 B7L 中，雾灯的信号通过雾灯开关 E7、E18，传输到控制单元 J519，如图 1-4-4 中，控制单元再根据信号 J519 进行雾灯的点亮控制，在该电路图中，不再使用雾灯继电器，控制单元实现最终的控制，利用雾灯控制的优处是能更好地实现各种条件下的控制，例如自动点亮、故障情况下的自动工作、遗忘关闭灯光自动关闭等功能。

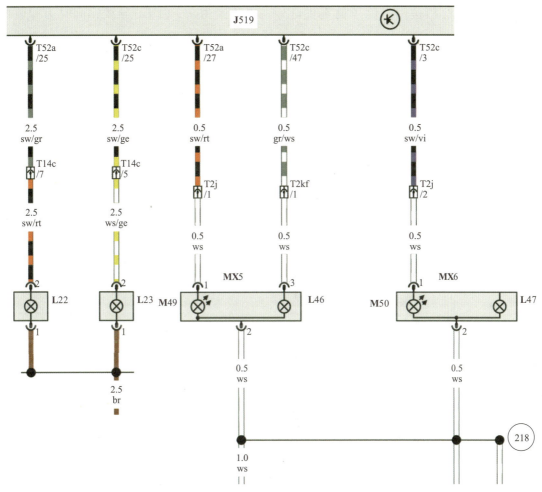

图 1-4-4　迈腾 B7L 雾灯控制电路图

L22—左侧前雾灯灯泡；L23—右侧前雾灯灯泡；M49—左侧尾灯灯泡；L46—左侧后雾灯灯泡；M50—右侧尾灯灯泡；L47—右侧后雾灯灯泡

二、决策与计划

（一）线路分析

雾灯受大灯开关、点火开关、雾灯开关的控制。同时，雾灯电路还受到雾灯继电器、卸荷继电器的控制，属于大容量用电器。

1. 电源与保护线路

参见图 0-2-3，当点火开关 D 拨动到 ON 挡位时，电流从蓄电池正极流到点火开关 D 的 30 引脚，从 D 的 75 引脚流出，经过 J59 的 85 引脚流入、86 引脚流出，然后接地，此时 J59 控制电路完成通电，J59 工作，J59 的 30 引脚与 87 引脚闭合，电流从蓄电池正极经过 J59 的 30、87 引脚流出到 75x 线上，电流从 75x 线上流到 503 正极接线柱，经过熔断丝 S236 到达雾灯开关为雾灯系统供电。

雾灯系统电路分析

2. 开关线路

参见图 1-2-6，电流到达 S236 后，进入雾灯开关 E18 的 Xr 引脚，当开关拨动到第二个挡位即前雾灯挡位时，电流从 E7 的 NL 引脚流出，当开关拨动到第三个挡位时，电流从 E7 的 NL、E18 的 NSL 流出分别为前、后雾灯供电。

3. 用电器线路

如图 1-4-5 所示，当打开前雾灯挡位时电流经由白/绿 1.5 导线，同时为并联的 L22 和 L23 供电；当前雾灯打开到后雾灯挡位时，除了前雾供电外，电流经由灰/白 1.0 导线，同时为并联的 L46 和 L47 供电。

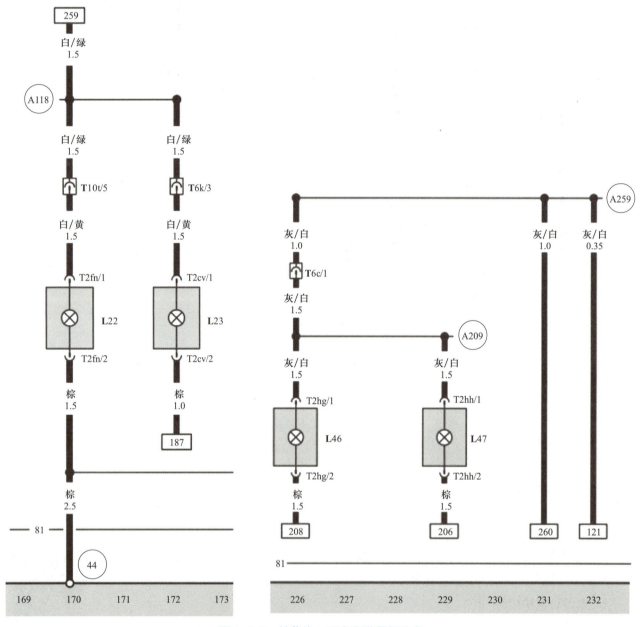

图 1-4-5　帕萨特 1.8T 领驭前雾灯总成

L46—左侧后雾灯灯泡，在后保险杠后部左侧；L47—右侧后雾灯灯泡，在后保险杠后部右侧；
L22—左侧前雾灯灯泡，在前保险杠前部左侧；L23—右侧前雾灯灯泡，在前保险杠前部右侧

（二）线路简图

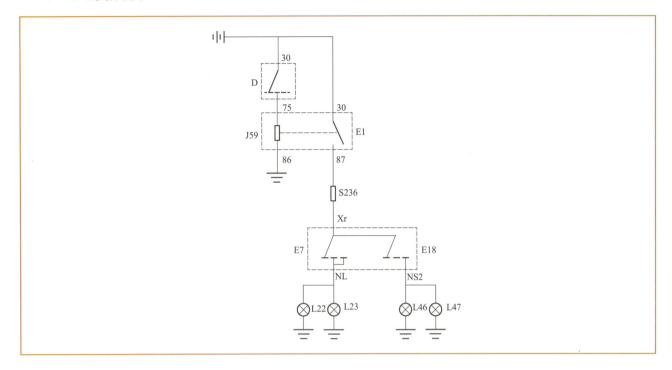

（三）故障分析

故障分析树	排故流程计划

🚗 三、实施与检查

（一）根据决策和计划环节分析进行对应的实施，检测的电阻、电压等数值记录在下表中

（二）汽车雾灯系统常见故障

1. 灯光亮度低

雾灯灯光亮度低，最通常的就是灯具的散光玻璃或反光镜上积有尘垢，这时需要做的仅仅是用绒布或镜头纸将污垢清除干净。另一个原因是蓄电池充电能力下降，电力不足而导致亮度不够，这样的话就需要更换新的蓄电池。还有一种可能是线路老化或导线过细，造成电阻增加从而影响供电，这种情况不仅影响灯泡的工作，严重的甚至会导致线路过热而造成火灾。

2. 灯光不亮

最常见的是灯泡损坏，如果仅仅是左前雾灯不亮或者右前雾灯不亮，有可能是灯泡损坏或者该灯泡所在的线路问题。如果左前雾灯、右前雾灯和雾灯指示灯均不亮，则灯泡损坏的可能性不大。熔断丝、开关接触不良也是常见的线路故障。

四、评价

根据本任务内容，评价遇到的问题与注意事项。

五、练习题

问题一：

雾灯功率较高，属于大功率用电设备，一般汽车电路上普遍采用雾灯开关控制_____工作，从而实现控制雾灯工作的方案。

问题二：

如图 1-4-3 所示，在别克君威电路中，后雾灯开关关闭时，车身控制模块雾灯开关信号接收端对地短路，车身模块控制后雾灯继电器工作端接地，电流从_____流入，经过后雾灯继电器绕组，通过_____接地，后雾灯继电器工作，电流流过继电器到左、右后雾灯，实现后雾灯工作。

问题三：

雾灯灯光亮度低，最通常的就是灯具的_____或反光镜上积有尘垢，这时需要做的仅仅是用绒布或镜头纸将污垢清除干净。另一个原因是_____能力下降，电力不足而导致亮度不够，这样的话就需要更换新的_____。还有一种可能是线路老化或导线过细，造成电阻增加从而影响供电，这种情况不仅影响灯泡的工作，严重的甚至会导致线路过热而造成火灾。

六、课后思考

一辆轿车的左侧雾灯不亮了，维修工想要更换雾灯进行确定，但更换雾灯要举升该车辆，并对下护板部分进行拆除，有没有快速的办法锁定是否是雾灯有故障？

任务五　转向灯、危险报警灯故障诊断与排除

工作情景描述

小王在驾驶车辆时，打开左转向灯，发现仪表盘上的转向指示灯高频率闪烁，打到右转向时又恢复正常，据此判断存在故障，并分析形成故障的原因。

学习目标

通过本任务学习，应能：
1. 掌握转向灯、危险报警灯的结构和工作原理；
2. 熟悉转向灯、危险报警灯电路图；
3. 分析转向灯、危险报警灯故障并进行排除。

一、资讯

（一）转向灯、危险报警灯系统的作用

转向灯是在机动车辆转向时开启以提示前后、左右车辆及行人注意的重要指示灯。转向灯灯管采用氙气灯管，单片机控制电路，左右轮换频闪不间断工作。转向灯采用闪光器，实现灯光闪烁。

转向灯的作用：指示车辆的行驶方向。

危险报警灯的作用：通过操纵危险报警开关使全部转向灯闪亮，发出警示。

（二）转向灯、危险报警灯系统的组成——用电器部分

如图 1-5-1 所示，转向灯一般为琥珀色，主转向灯功率在 20～25 W，电阻在 7 Ω 左右；侧转向灯功率为 5 W 左右，电阻在 30 Ω 左右。

图 1-5-1　转向灯灯泡和灯罩

（三）转向灯、危险报警灯系统的组成——开关部分

转向灯的开关在方向盘左侧，如图 1-5-2 所示。危险报警灯的开关在仪表盘中间部分，如图 1-5-3 所示。一般在危险报警灯开关中集成了危险报警灯继电器，控制转向和危险报警时系统的闪烁频率，转向灯的频闪规定：国标中规定为 60～120 次/min，亮暗时间比（通电率）在 3∶2 为佳。

图 1-5-2　转向灯开关位置示意图

图 1-5-3　危险警报灯开关位置示意图

转向灯、危险报警灯的线路和其他灯光线路的主要区别在于危险报警灯继电器，因为继电器固定地通断，实现灯光有规律地闪烁。危险报警灯继电器有多种类型，目前普遍使用的是集成电路的形式，继电器内部的组成不在本书讨论的范围内，但无论继电器多么复杂，主要都是由三个引脚组成，分别是电源输入、接地和输出。与灯光相连接的部分是输出，如图 1-5-4 所示。

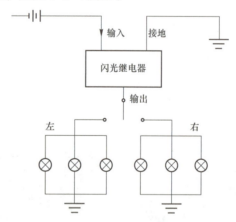

图 1-5-4　危险报警灯继电器引脚示意图

（四）控制单元控制转向灯与危险报警灯工作原理

如图 1-5-5 所示，在图 1-5-5（a）中，为迈腾舒适系统的车载网络连接示意图，转向灯开关 E2，在拨动到左右转向时，开关 E2 内对应的阻值不同，从而传输给转向柱电子控制单元 J527 的信号不一样，控制单元 J527 通过 CAN 总线（在图中为 can-l 与 can-h）将信号传输给 J519、J386、J387 等控制单元，各控制单元根据收到的信号点亮对应的转向灯，如图 1-5-5（b）所示，从而实现转向灯的工作与传统的转向灯控制不同，控制单元通过相互通信实现控制信号的传输，转向灯光不单纯地并联在一起，而是由每个对应的控制单元控制，转向灯继电器的功能由控制单元实现，线路中不再设有单独的闪光继电器。

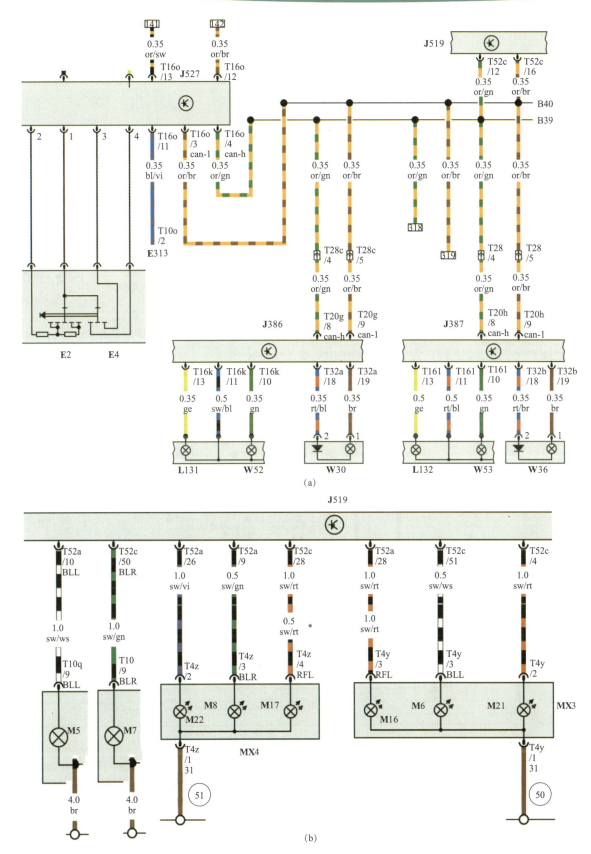

图 1-5-5 迈腾 2012 B7L 转向灯控制原理图
(a) 车身舒适系统车载网络连接电路图; (b) 转向灯控制部分
E2—转向灯开关; E4—手动防炫目功能和远光灯瞬时接通功能开关; J386—驾驶员侧车门控制单元; J387—副驾驶员侧车门控制单元; J527—转向柱电子控制单元; J519—车载电网控制单元; L131—驾驶员侧外后视镜警告灯泡; L132—副驾驶员侧外后视镜警告灯泡; W30—驾驶员侧车门警告灯; W36—副驾驶员侧车门警告灯; W52—车外后视镜内的等车照明灯, 驾驶员侧; W53—车外后视镜内的等车照明灯, 副驾驶员侧; M5—左前转向灯泡; M7—右前转向信号灯泡; M6—左后转向灯泡; M8—右后转向灯泡

二、决策与计划

（一）线路分析

以转向灯线路进行分析说明。

1. 电源线路

参见图0-2-2和图0-2-3，当点火开关D拨动到ON挡位时，电流从蓄电池正极流到点火开关D的30引脚，从D的75引脚流出，经过J59的85引脚流入、86引脚流出，然后接地，此时J59控制电路完成通电，J59工作，J59的30引脚与87引脚闭合，电流从蓄电池正极经过J59的30、87引脚流出到75x线上，再流到503正极接线柱，通过熔断丝S2到达J1继电器的30引脚，为J1输入端供电。如图1-5-6所示。

转向灯系统电路分析

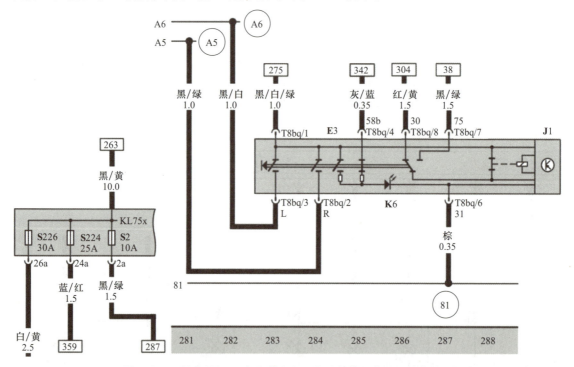

图1-5-6 帕萨特1.8T领驭转向灯、危险报警灯电源系统电路图

S2—熔断丝2，10 A，闪烁报警灯开关熔断丝，在仪表板左侧熔断丝架上；S224—熔断丝24，25 A，清洗刮水间歇运行自动装置继电器、间歇式刮水器运行开关熔断丝，在仪表板左侧熔断丝架上；S226—熔断丝26，30 A，可加热后窗玻璃继电器、后风窗玻璃加热熔断丝，在仪表板左侧熔断丝架上；E3—闪烁报警灯开关，在仪表板中央出风口中间；J1—闪光继电器；K6—闪烁报警装置指示灯，在仪表板中部中央出风口中间；T8bq—8针插头，黑色，闪烁报警灯开关插头；⑧1—接地连接线（31），在仪表板线束内；Ⓐ5—正极连接线（右转向信号），在仪表板线束内；Ⓐ6—正极连接线（左转向信号），在仪表板线束内

2. 开关线路

如图 1-5-7 所示，当转向灯开关 E2 拨到左侧时，E2 的 49a 与 L 引脚接通，工作电流从 L 流出到 A6 连接线上。

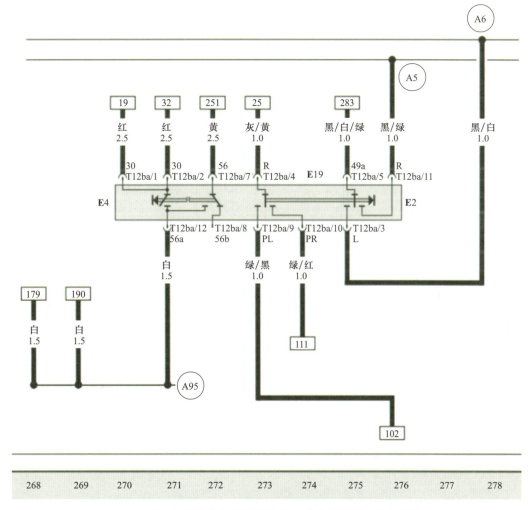

图 1-5-7　帕萨特 1.8T 领驭转向灯、危险警报灯开关电路图

E2—转向灯开关，在转向柱上部左侧拨杆上；E4—变光开关，在转向柱上部左侧拨杆上；E19—驻车灯开关，在转向柱上部左侧拨杆上；T12ba—12 针插头，黑色，转向开关插头，(A5)—正极连接线（右转向信号），在仪表板线束内；
(A6)—正极连接线（左转向信号），在仪表板线束内；(A95)—连接线（56a），在仪表板线束内

3. 用电器线路

参见图1-3-6，电流从A6流出，流到M5、M6等转向灯接地，此时由于转向灯接地，继电器J1的三条线路中的接地线路接通，J1开始工作，电流输出间歇供给，形成闪烁。

（二）线路简图

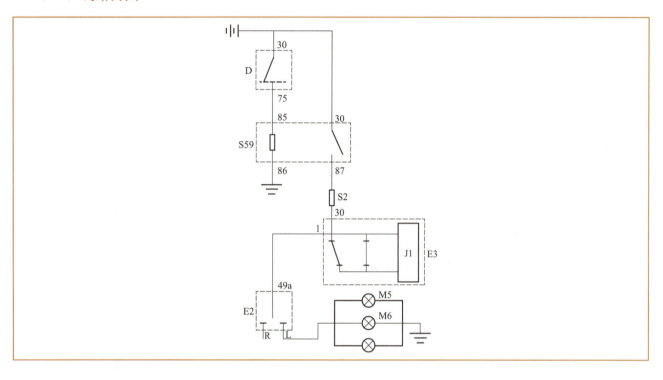

（三）故障分析

故障分析树	排故流程计划

三、实施与检查

（一）根据决策和计划环节分析进行对应的实施，检测的电阻、电压等数值记录在下表中

（二）汽车转向灯、危险报警灯常见故障

转向灯常见故障：灯不亮、灯常亮、闪烁频率过高或过低。

1. 灯全不亮

熔断丝熔断，电源至转向开关间线路断路，灯控制开关损坏，闪光器损坏等。

2. 左或右灯不亮

闪光器不良，搭铁不良，转向灯泡烧坏等。

3. 亮灭次数减少（闪光频率慢）

灯泡功率选择不当，闪光器调整不当，电压低等。

4. 亮灭次数增加（闪光频率快）

灯泡功率选择不当，搭铁不良，闪光器调整不当，电压高等。

5. 系统有时工作、有时不工作

导线接触不良，闪光器搭铁不良（对晶体管或电子带继电器式）等。

6. 转向灯常亮

闪光器故障，发电机调节器的限额电压过高，转向开关故障，短路故障等。

7. 多次更换熔断丝仍烧断

转向灯电路的电源线直接搭铁，灯泡或灯座短路，转向开关搭铁等。

减少转向信号系统故障的措施：换用同等功率的灯泡；注意按厂家规定安装闪光器；接线正确。

四、评价

根据本任务内容，评价遇到的问题与注意事项。

五、练习题

问题一：

转向灯的开关在_____，危险报警灯的开关在_____，一般在危险报警灯开关中集成了_____继电器，控制转向和危险报警时系统的闪烁频率，转向灯的频闪规定：国标中规定为 60～120 次/min，亮暗时间比（通电率）在 3∶2 为佳。

问题二：

危险报警灯继电器有多种类型，目前普遍使用的是集成电路的形式，继电器内部的组成不在本书讨论的范围内，但无论继电器多么复杂，主要都是由三个引脚组成，分别是_____、_____和_____，与灯光相连接的部分是输出。

问题三：

如图 1-5-5 所示，迈腾舒适系统的车载网络中，转向灯开关 E2，在拨动到左右转向时，开关 E2 内对应的_____不同，从而传输给转向柱电子控制单元 J527 的信号不一样，控制单元 J527 通过 CAN 总线（在

图中为 can-l 与 can-h）将信号传输给 J519、J386、J387 等控制单元，各控制单元根据收到的信号点亮对应的转向灯，从而实现转向灯的工作与传统的转向灯控制不同，控制单元通过相互通信实现控制信号的传输，转向灯光不单纯地并联在一起，而是由在每个对应的控制，转向灯继电器的功能由控制单元实现，线路中不再设有单独的闪光继电器。

问题四：

如图 0-2-2、图 0-2-3 所示，当点火开关 D 拨动到挡位时，电流从蓄电池正极流到点火开关 D 的 30 引脚，从 D 的 75 引脚流出，经过 J59 的 85 引脚流入、86 引脚流出，然后接地，此时 J59 控制电路完成通电，J59 工作，J59 的 30 引脚与 87 引脚闭合，电流从蓄电池正极经过 J59 的 30、87 引脚流出到＿＿＿＿线上，再流到＿＿＿＿，通过熔断丝 S2 到达 J1 继电器的 30 引脚，为 J1 输入端供电。

六、课后思考

一辆轿车的左侧转向灯损坏了一个，此时打左转向时灯光快速闪烁，维修工甲说是因为灯泡熄灭了，电路中电流变大了，所以继电器出现了快速闪烁的现象；维修工乙说是因为灯泡熄灭了，继电器绕组两端的电压变大了，所以才出现了快速闪烁的现象。维修工甲和乙谁说的对？为什么？

 灯光系统综合故障诊断与排除

第一步：资讯环节	教师评价记录
1. 故障现象描述	
2. 电路工作原理简图	
第二步：决策与计划环节	
1. 小组人员分工	
2. 故障分析树	
3. 确定故障范围	

项目一　汽车照明信号系统故障诊断与排除

第三步：实施与检查环节	
1. 实施流程	
2. 确认故障位置及原因	
3. 排除故障进行恢复检查及整理 □正常　　　□异常（情况说明　　　　　　　　　）	
第四步：评价总结	
成绩总评	

项目二
汽车辅助电器系统故障诊断与排除

项目描述

本项目主要以刮水器系统和车窗升降系统为例进行故障诊断与排除。该项目的两个任务均有电控控制部分，具有相似性，通过学习线控的模式掌握控制的基本原理，再过渡到控制单元控制模式，本项目是项目一的进一步深入，应能够熟练查看电路，进行故障分析。

项目内容

任务一 汽车电动刮水器故障诊断与排除；
任务二 电动车窗故障诊断与排除。

项目目标

能进行汽车电动刮水器故障的诊断和排除；
能进行汽车电动车窗故障的诊断和排除；
能够分析舒适系统电路。

任务一 汽车电动刮水器故障诊断与排除

工作情景描述

一辆轿车的刮水器不工作了，维修工在检查时发现刮水器系统运转时电动机有运转的声音，但刮水器却不动，维修工据此立刻判断出故障的位置，请你根据故障现象分析故障的原因。

学习目标

通过本任务学习，应能：
1. 掌握刮水器系统的结构和工作原理；
2. 熟悉刮水器系统的电路图；
3. 分析刮水器系统的故障并进行排除。

一、资讯

（一）电动刮水器系统的作用

为了保证汽车在雨天或雪天时有良好的视线，确保行车安全，在汽车挡风玻璃前装有刮水器。一般汽车的前风窗上装有两个刮水片，有些汽车后窗也装有一个刮水片，有些高级轿车的前大灯上也装有刮水片。电动刮水器系统主要由操纵开关（和雨量传感器）、控制电脑和电动刮水器执行装置三部分组成。

（二）电动刮水器系统的组成——用电器部分

如图 2-1-1 所示，刮水器电动机主要分为定子和转子两部分，定子由电动机外壳、主磁极、电刷和机座等部件组成；转子由电枢铁芯、绕组、换向器等部件组成。

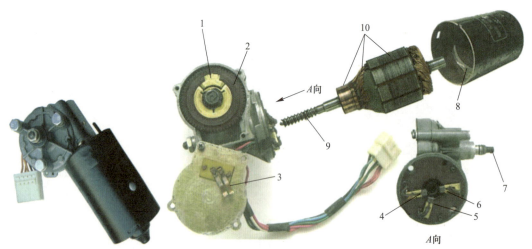

图 2-1-1　电动刮水器示意图

1—自动复位器滑环；2—减速器涡轮；3—自动复位器触点；4—低速碳刷；5—高速碳刷；6—主碳刷；7—减速器输出轴；8—永久磁铁；9—减速器涡杆；10—电枢（整流器、绕组、铁芯）

刮水器电动机的主要部件功能如下：

电枢铁芯：电枢铁芯既是主磁路的一部分，又是电枢绕组的支撑部件，为了形成较大的磁通，电枢铁芯采用的是磁导率良好的硅钢片。

电枢绕组： 电枢绕组由一定数目的线圈按一定规律连接而成，它是电动机的电路部分。一般刮水器电动机采用的是单叠对称绕组。

换向器： 刮水器电动机的换向器由 12 个彼此绝缘的换向片组成，换向片呈圆筒状排列。每个电枢绕组首段和尾端的引线分别焊在两个相邻的换向片上。

电刷装置： 电刷装置将外电源引入电动机的电枢，它由电刷、刷盒、刷杆和连线等部分组成。电刷是由石墨和金属粉末混合做成的导电块，放在刷盒内用弹簧以一定的压力按放在换向器表面。电动机旋转时，电刷与换向器表面形成滑动接触。

如图 2-1-2 所示，洗涤器则是由储液罐、洗涤泵、软管、喷嘴等组成。

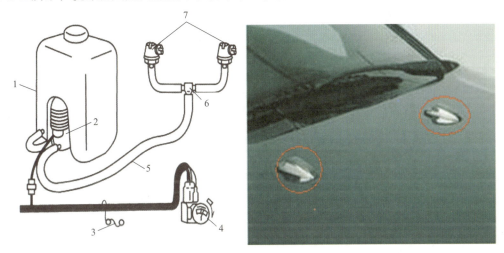

图 2-1-2　洗涤器

1—储液罐；2—洗涤泵；3—熔断丝；4—刮水开关；5—软管；6—三通管接头；7—喷嘴

（三）电动刮水器系统的组成——开关部分

电动刮水器必须具有高速、低速和间歇工作三个挡位，并可自动复位。操纵开关总成通过多个联动开关产生三路信号分别输入控制单元，从而控制刮水器实现低速、高速、间歇、除雾、停机复位等功能。如图 2-1-3 所示，通过电动刮水器开关的控制实现对应引脚的接通。

 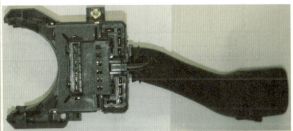

图 2-1-3　电动刮水器开关（正反面）

（四）电动刮水器系统的基本工作原理

刮水器的动力源来自电动机，一般与减速机械部分做成一体。减速机构的作用是减速增扭，其输出轴带动四连杆机构，通过四连杆机构把连续的旋转运动改变为左右摆动的运动。以传统的线控式电动刮水器系统为例，如图 2-1-4 所示，当系统接通电源时，电动机轴端的涡杆驱动涡轮 4，涡轮 4 带动摇臂 6 旋转，摇臂 6 使拉杆 7 往复运动，从而带动刮水片左右摆动。

基本的控制电路如图 2-1-5 所示，该电路图中开关 E22 从左至右共有快速挡位、慢速挡位、关闭挡位和间歇挡位四个挡位。

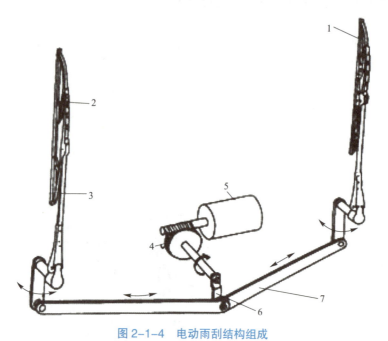

图 2-1-4 电动雨刮结构组成

1—刮水片；2—刮水片架；3—刮水器臂；4—涡轮；5—电动机；6—摇臂；7—拉杆

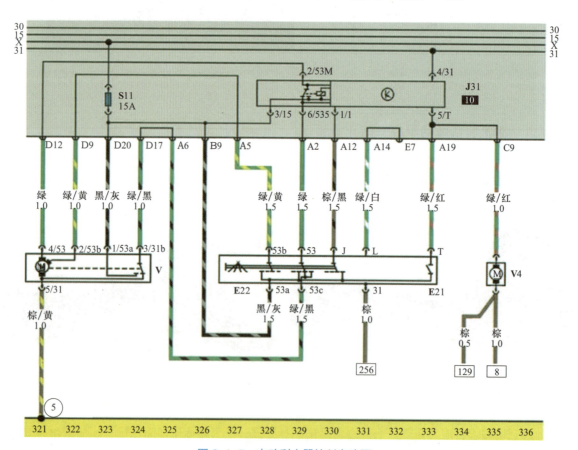

图 2-1-5 电动刮水器控制电路图

E21—前风窗清洗泵开关；E22—前风窗前刮水器开关；J31—刮水继电器；S11—前风窗刮水器、清洗泵熔断丝、15 A；
V—前风窗刮水器电动机；V1—前风窗清洗泵；⑤—接地点，在中央电器左侧星形接地爪上

快速挡位时，电流从X线流出，经熔断丝S11，通过B9，经由黑/灰1.5导线，到E22的53a引脚，从53b引脚流出，经由绿/黄1.5导线，通过A5到D9，经绿/黄1.0导线，从电动机的引脚2/53b流入，5/31引脚流出，最后接地，电动机以快速挡运行。

慢速挡位时，电流从X线流出，经熔断丝S11，通过B9，经由黑/灰1.5导线，到E22的53a引脚，从53引脚流出，经由绿1.5导线，通过A2到J31的6引脚，从2引脚流出到D12，经绿1.0导线，从电动机的引脚4/53流入，5/31引脚流出，最后接地，电动机以慢速挡运行。

在关闭挡位时，如果刮水片没有处于水平位置，刮水器设有一个回位开关，控制刮水器电动机。当电动机停止运转时，刮水器臂就会停在风窗玻璃下的适当位置。此时复位电路接通，其结构如图2-1-6所示，减速涡轮输出轴背面装有自动停位导电片，并在减速器后盖上设有与导电片相接触的3个导电触点，再通过刮水器开关位置的触点共同完成。电流从X线流出，经熔断丝S11，通过D20，经黑/灰1.0，从电动机1/53a流入，3/31b流出，经绿/黑1.0，从D17到A6，经绿/黑1.0导线，到E22的53c引脚，从53引脚流出，通过A2到J31的6引脚，从2引脚流出到D12，经绿1.0导线，从电动机的刮水片4/53流入，5/31引脚流出，最后接地，电动机以慢速挡运行，直到刮水片恢复到水平位置，断开电动机1/53a与3/31b的连接。

在间歇挡位时，当组合开关刮水手柄打到间歇挡时，间歇刮水控制器开始工作，定时接通低速刮水继电器，刮水器以间歇形式刮水，工作电路与低速电路相同。间歇时间由间歇继电器控制，利用电动机的回位开关触点与继电器电阻电容的充放电功能使刮水器按照一定周期刮扫。电流从X线流出，经熔断丝S11，通过B9，经由黑/灰1.5导线，到E22的53a引脚，从J引脚流出，经综/黑1.5导线，到A12，和J31的1引脚连接，此时J31电源接通，开始工作，当继电器吸合时，J31的2引脚和3引脚接通，此时电源从X线接入，经由S11，从J31的3引脚流入，2引脚流出到D12，经绿1.0导线，从电动机的引脚4/53流入，5/31引脚流出，最后接地，电动机以慢速挡运行。当J31断开时，停止慢速工作，从而实现电动机的间歇工作。

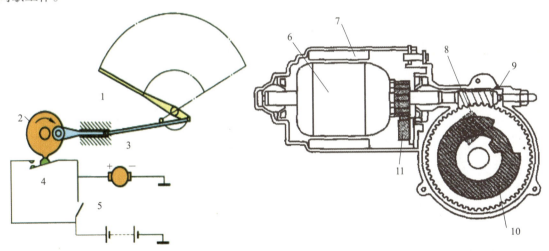

图2-1-6　电动刮水器复位工作示意图

1—刮水片；2—凸轮；3—滑块；4—复位开关；5—控制开关；6—电枢；7—永久磁铁；8—触点；9—涡轮；10—铜环；11—电刷

（五）控制单元控制的刮水器系统

如图2-1-7所示，为迈腾B7L电动刮水器控制系统，该控制系统与传统的区别在于控制开关E38将信号传输给转向柱电子装置控制单元J527，J527通过总线将信号传输给车载电网控制单元J519，J519再将信号传递给刮水器电动机控制单元J400，最后由J400控制刮水器电动机V动作。刮水器与光线识别传感器G397是一种智能自动化的汽车配置，当下雨时，雨水滴在前挡风玻璃上，G397会感应到玻璃上有雨水。根据感应出的数据，将信号传递给J400和J519，自动调节刮水器来进行清洗，并能根据雨量的大小来调节刮水器的速度。停止下雨时，感应刮水器就会自动停止工作。

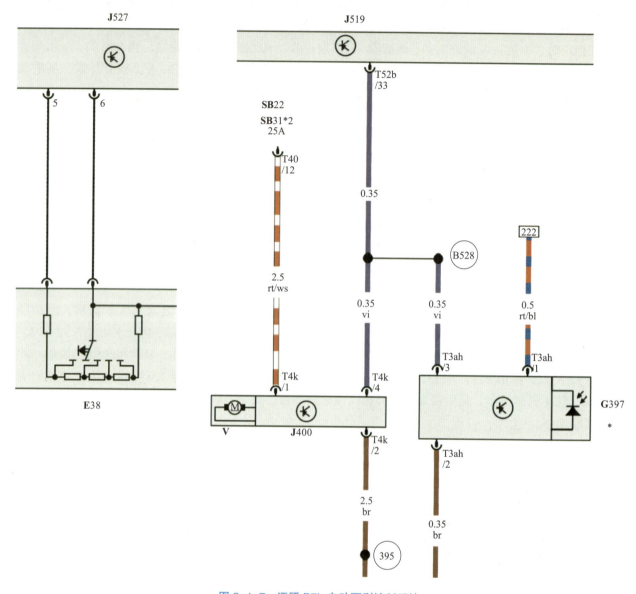

图 2-1-7 迈腾 B7L 电动雨刮控制系统

E38—刮水器控制开关；J527—转向柱电子装置控制单元；G397—刮水器与光线识别传感器；
J400—刮水器电动机控制单元；J519—车载电网控制单元；V—刮水器电动机

二、决策与计划

（一）线路分析

1. 电源线路

参见图 0-2-2 与图 0-2-3，当点火开关 D 拨动到 ON 挡位时，电流从蓄电池正极流到点火开关 D 的 30 引脚，从 D 的 75 引脚流出，经过 J59 的 85 引脚流入、86 引脚流出，然后接地，此时 J59 控制电路完成通电，J59 工作，J59 的 30 引脚与 87 引脚闭合，电流从蓄电池正极经过 J59 的 30、87 引脚流出到 75x 线上，参见图 1-5-5，电流从 75x 线上流到 503 正极接线柱，通过熔断丝 S224 到达刮水器继电器 J31 的 13 引脚，其中一路分给刮水器开关 E22 的 8 引脚。

雨刮系统电路分析

2. 开关线路

如图 2-1-8 所示，帕萨特 1.8T 车辆共有 "2，1，J，0，T" 5 个挡位，当拨动到 2 挡时，E22 的 8 引脚和 6 引脚接通，J31 的 8 引脚通电；当拨动到 1 挡位时，E22 的 8 引脚和 1 引脚接通，J31 的 2 引脚通电；当拨动到 J 挡位时，E22 的 8 引脚和 7 引脚接通，J31 的 12 引脚通电；当拨动到 0 挡位时，开关处于断开状态；当拨动到 T 挡位时，E22 的 8 引脚和 1 引脚接通，J31 的 2 引脚通电，与 1 挡走相同的线路。

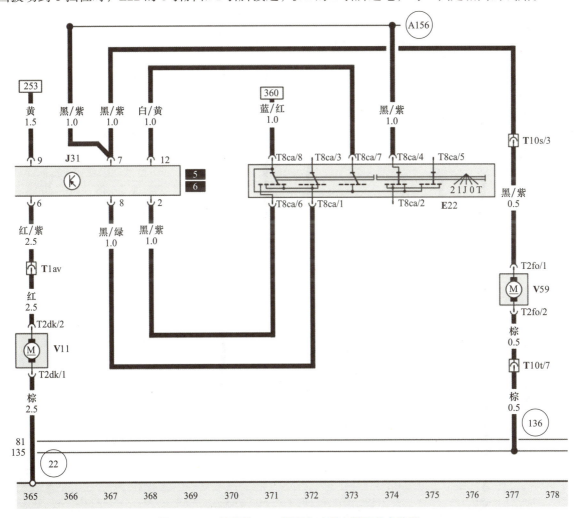

图 2-1-8　帕萨特 1.8T 领驭电动刮水器开关电路图

E22—间歇式刮水器运行开关，在转向柱上部左侧拨杆上；J31—清洗刮水间歇运行自动装置继电器，在仪表板左侧下方中央电器板上 5/6 号位（192 继电器）（用于装置 1.8T 带雨量传感器和间歇式风窗刮水器＋前大灯清洗装置车型）；J31—清洗刮水间歇运行自动装置继电器，在仪表板左侧下方中央电器板上 5/6 号位（377 继电器）（用于装备 4 挡间歇式风窗刮水器的车型）；T1av—1 针插头，棕色，在左 A 柱处 B 号位；T2dk—2 针插头，黑色，大灯清洗泵插头；T2fo—2 针插头，黑色，前风窗清洗泵插头；T8ca—8 针插头，黑色，间歇式刮水器运行开关插头；T10s—10 针插头，淡红色，在左 A 柱处 10 号位；T10t—10 针插头，红色，在左 A 柱处 9 号位；V11—大灯前洗泵，在前保险杠左侧清洗液罐内；V59—前风窗清洗泵，在前保险杠内左侧清洗液罐内；㉒—接地点，在排水槽左侧横隔板上；⒧—接地连接线（31），在仪表板线束内；Ⓐ—链接线（53c），在仪表板线束内

3. 电器线路

如图2-1-9所示，当拨动到2挡时，电流从J31的4引脚流出，从电动机V的2引脚流入，4引脚流出接地，电动机高速运转；当拨动到1挡时，电流从J31的5引脚流出，从电动机V的1引脚流入，4引脚流出接地，电动机低速运转；当拨动到0挡位时，电动机V的3引脚接地，此时J31的11引脚收到接地信号进行复位，电流从J31的5引脚流出，从电动机V的1引脚流入，4引脚流出接地，电动机低速运转到水平位置；在J挡位，J31的12引脚得到供电J31开始工作，J31的5引脚间歇地供给电流，电动机部分与1挡走相同的线路。在T挡位，线路与1挡位一致，区别在于T挡位为点动挡位，释放按键后，挡位在弹簧作用下复位。

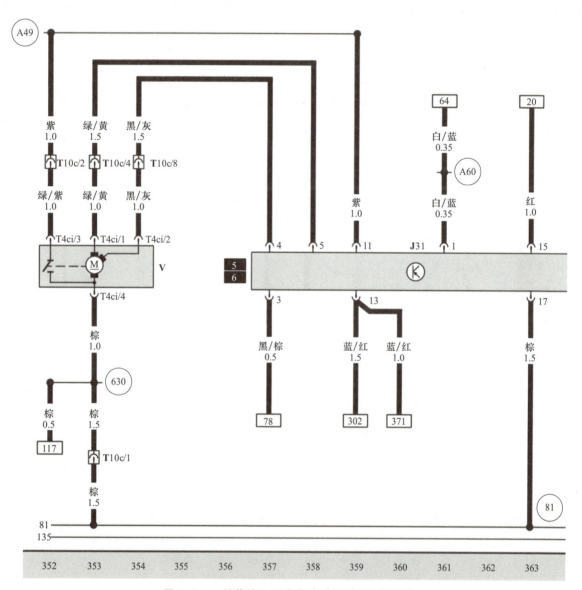

图2-1-9　帕萨特1.8T领驭电动雨刮开关电路图

J31—清洗刮水间歇运动自动装置继电器，在仪表板左侧下方中央电器板上5、6号位（192继电器）（用于装备1.8T带雨量传感器和间歇式风窗刮水器＋前大灯洗涤装置的车型）；T4ci—4针插头，黑色，车窗玻璃刮水器电动机插头；T10c—10针插头，洋红色，在左A柱处13号位；V—车窗玻璃刮水器电动机，在排水槽内左侧；⑧1—接地连接线（31），在仪表板线束内；630—接地连接线，在刮水器电动机线束内；A49—连接线，在仪表板线束内；A60—连接线，在仪表板线束内

（二）雨刮快速挡位线路简图

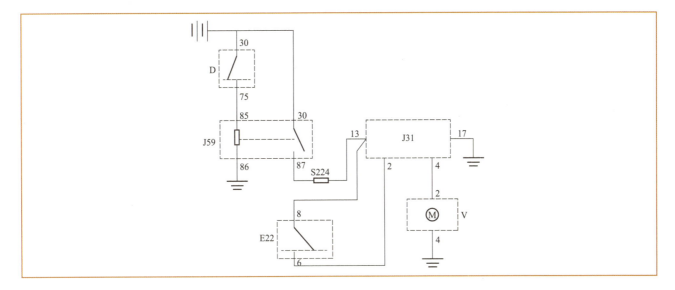

（三）故障分析

故障分析树	排故流程计划

三、实施与检查

（一）根据决策和计划环节分析进行对应的实施，检测的电阻、电压等数值记录在下表中

（二）刮水器系统常见故障

1. 刮水器各挡都不工作（刮水器电动机不转）

接通点火开关后，刮水器开关无论置于哪一挡位，刮水器均不工作。熔断器烧断；刮水器电动机或刮水器开关有故障；机械传动部分故障；线路断路或插接件松脱。检查熔断器是否熔断，插接件是否松脱，线路有无断路；然后检查开关是否正常；最后检查电动机及机械传动部分。

2. 个别挡位不工作

接通点火开关后，个别挡位不工作，其余正常。刮水器电动机或开关有故障；间歇继电器有故障；线路断路或插接件松脱。如果是高速或低速挡不工作，可先检查该挡位对应的线路是否正常；开关是否正常；最后检查电动机电刷。如果是间歇挡不工作，应检查刮水器开关的间歇挡、所在线路及间歇继电器。

3. 刮水器动作迟缓

蓄电池亏电或开关接触不良；刮水器与挡风玻璃接触面脏；电动机轴承或传动机构润滑不良；电动机电

刷接触不良；电枢绕组短路或搭铁等。

4. 刮水器停位不当

开关断开或间歇工作时，刮水器不能停在风窗底部。自动停位装置损坏；停位触点接触不良；刮水器开关损坏；传动机构磨损或变形；线路连接错误。检查刮水器臂的安装是否正确；开关线路连接是否正确；最后检查自动停位机构的触片和滑片接触是否良好。

5. 刮水器振动

挡风玻璃过脏；刮水器上的刮水片损坏；刮水片的倾角不对；传动机构故障。

四、评价

根据本任务内容，评价遇到的问题与注意事项。

五、练习题

问题一：

为了保证汽车在雨天或雪天时有良好的视线，确保行车安全，在汽车挡风玻璃前装有刮水器。一般汽车的前风窗上装有两个刮水片，有些汽车后窗也装有一个刮水片，有些高级轿车的前大灯上也装有刮水片。电动刮水器系统主要由_____、控制电脑和_____三部分组成。

问题二：

刮水器电动机主要分为_____和_____两部分。

问题三：

刮水器的动力源来自电动机，一般与减速机械部分做成一体。减速机构的作用是_____，其输出轴带动四连杆机构，通过四连杆机构把连续的旋转运动改变为_____的运动。

问题四：

如图 2-1-5 所示，该电路图中开关 E22 从左至右共有快速挡位、慢速挡位、关闭挡位和间歇挡位 4 个挡位。

快速挡位时，电流从 X 线流出，经熔断丝 S11，通过 B9，经由黑/灰 1.5 导线，到 E22 的_____引脚，从 53b 引脚流出，经由绿/黄 1.5 导线，通过 A5 到 D9，经/黄 1.0 导线，从电动机的引脚_____流入，5/31 引脚流出，最后接地，电动机以快速挡运行。

慢速挡位时，电流从 X 线流出，经熔断丝 S11，通过 B9，经由黑/灰 1.5 导线，到 E22 的_____引脚，从 53 引脚流出，经由绿 1.5 导线，通过 A2 到 J31 的 6 引脚，从 2 引脚流出到 D12，经绿 1.0 导线，从电动机的引脚_____流入，5/31 引脚流出，最后接地，电动机以慢速挡运行。

在关闭挡位时，如果刮水器没有处于水平位置，刮水器设有一个回位开关，控制刮水器电动机。当电动机停止运转时，刮水器臂就会停在风窗玻璃下的适当位置。此时复位电路接通。电流从 X 线流出，经熔断丝 S11，通过 D20，经黑/灰 1.0，从电动机 1/53a 流入，3/31b 流出，经绿/黑 1.0，从 D17 到 A6，经绿/黑 1.0 导线，到 E22 的_____引脚，从_____引脚流出，通过 A2 到 J31 的 6 引脚，从 2 引脚流出到 D12，经绿 1.0 导线，从电动机的 4/53 流入，5/31 引脚流出，最后接地，电动机以慢速挡运行，直到刮水片恢复到水平位置，断开电动机 1/53a 与 3/31b 的连接。

在间歇挡位时，当组合开关刮水手柄打到间歇挡时，间歇刮水控制器开始工作，定时接通低速刮水继电器，刮水器以间歇形式刮水，工作电路与低速电路相同。间歇时间由间歇继电器控制，利用电动机的回位开关触点与继电器电阻电容的充放电功能使刮水器按照一定周期刮扫。电流从 X 线流出，经熔断丝 S11，通过 B9，经由黑/灰 1.5 导线，到 E22 的_____引脚，从_____引脚流出，经综/黑 1.5 导线，到 A12，和 J31 的 1 引脚连接，此时 J31 电源接通，开始工作，当继电器吸合时，J31 的 2 引脚和 3 引脚接通，此时电源从 X 线接入，经由 S11，从 J31 的 3 引脚流入，2 引脚流出到 D12，经绿 1.0 导线，从电动机的引脚 4/53 流入，5/31 引脚流出，最后接地，电动机以慢速挡运行。当 J31 断开时，停止慢速工作，从而实现电动机的间歇工作。

问题五：

如图 2-1-8 所示，帕萨特 1.8T 车辆共有 "2，1，J，0，T" 5 个挡位，当拨动到 2 挡时，E22 的_____引脚和_____引脚接通，J31 的_____引脚通电；当拨动到 1 挡位时，E22 的_____引脚和_____引脚接通，J31 的_____引脚通电；当拨动到 J 挡位时，E22 的_____引脚和_____引脚接通，J31 的_____引脚通电；当拨动到 0 挡位时，开关处于断开状态；当拨动到 T 挡位时，E22 的 8 引脚和 1 引脚接通，J31 的 2 引脚通电，与 1 挡走相同的线路。

问题六：

如图 2-1-9 所示，当拨动到_____时，电流从 J31 的 4 引脚流出，从电动机 V 的 2 引脚流入，4 引脚流出接地，电动机高速运转；当拨动到 1 挡时，电流从 J31 的 5 引脚流出，从电动机 V 的 1 引脚流入，4 引脚流出接地，电动机低速运转；当拨动到_____挡位时，电动机 V 的 3 引脚接通，此时 J31 的 11 引脚收到接地信号进行复位，电流从 J31 的 5 引脚流出，从电动机 V 的 1 引脚流入，4 引脚流出接地，电动机低速运转到水平位置；在 J 挡位，J31 的 12 引脚得到供电 J31 开始工作，J31 的 5 引脚间歇地供给电流，电动机部分与 1 挡走相同的线路。在 T 挡位，线路与 1 挡位一致，区别在于 T 挡位为点动挡位，释放按键后，挡位在弹簧作用下复位。

问题七：

接通点火开关后，个别挡位不工作，其余正常。_____有故障；间歇继电器有故障；线路断路或插接件松脱。如果是高速或低速挡不工作，可先检查该挡位对应的线路是否正常；开关是否正常；最后检查_____。如果是间歇挡不工作，应检查刮水器开关的间歇挡、所在线路及间歇继电器。

问题八：

刮水器动作迟缓主要原因：_____。

问题九：

开关断开或间歇工作时，刮水器不能停在风窗底部主要原因：_____。

问题十：

刮水器振动的主要原因：挡风玻璃过脏；_____；刮片的倾角不对；_____。

六、课后思考

一辆轿车在起动车辆时刮水器会动一下，然后立即恢复水平位置，客户认为是线路有问题，维修工判定是线路连接点有虚接的情况，导致这种问题的原因是什么？

任务二　电动车窗故障诊断与排除

工作情景描述

一位车主到 4S 店反映：主驾控制不了左后车窗的升降，但左后车窗升降功能却正常，据此判断存在故障，并分析形成故障的原因。

学习目标

通过本任务学习，应能：
1. 掌握电动车窗系统的结构和工作原理；
2. 熟悉电动车窗系统电路图；
3. 分析电动车窗系统故障并进行排除。

一、资讯

（一）电动车窗系统的作用

电动车窗是指以电为动力使车窗玻璃自动升降的车窗。驾、乘人员操纵开关接通车窗电动机的电路，电动机产生动力，通过一系列机械传动，使车窗玻璃按要求进行升降。如图 2-2-1 所示，为玻璃电动车窗系统在车辆上的位置。

主要功能：手动升/降；自动升/降；后窗锁止；防夹保护功能；延时操作升/降，部分车上装有延时开关，在点火开关断开约 30 s 内（不同汽车时间不同），在车门打开以前，仍有电流供给，使驾驶员和乘客能有时间关闭车窗及操纵其他设备；门锁联动关闭，如果驾驶员自车内走出而忘记把车窗关闭，无须再进入车内关窗，可以在车外通过中央门锁系统将车窗自动关闭。

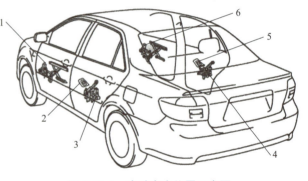

图 2-2-1　电动车窗位置示意图
1—驾驶员侧车窗电动机；2—左后侧电动车窗开关；
3—左后侧电动车窗电动机；4—右后侧电动车窗电动机；
5—右后侧电动车窗开关；6—副驾驶员侧车窗电动机

（二）电动车窗系统的组成——用电器部分

电动车窗升降器主要形式：绳轮式、交臂式、软轴式。图 2-2-2 所示为常用的交臂式，电动车窗的电动机采用永磁式双向直流电动机，每个车门各有一个电动机，通过开关控制电动机中的电流方向，从而控制玻璃的升降。每个电动机电路中均有断路器保护。

（三）电动车窗系统的组成——开关部分

如图 2-2-3 所示，控制开关装在仪表板或驾驶员侧车门上，因此驾驶员可以控制每个车窗玻璃的升降。功用：所有车门升降、后窗锁止分别安装在每个车窗上，乘客可以对各个车窗进行升降控制。总开关上"车窗锁

图 2-2-2　电动车窗升降器

止"开关锁止时,分开关失效,只有当点火开在"ON"或"ACC"位置时,开关才起作用。

图 2-2-3 电动车窗开关

带有智能功能的电动车窗的操纵开关包括:点火开关将 ON、ACC、LOCK 信号传输到电动车窗总开关,以便控制电动车窗延时功能;门控开关将驾驶员车门开、闭信号传输到电动车窗总开关,以便控制电动车窗延时功能。

(四)电动车窗控制原理

电动车窗的控制线路与刮水器系统类似,主要有线控和 ECU 控制两大类,以线控方式为例,基本控制电路如图 2-2-4 所示。以驾驶员控制右后车窗上升为例,电流从电源流出,经过熔断丝,到达连接点,再到下个连接点,当 3 开关向上,按键接通,电流由上至下流过 4 右后车窗电动机,通过驾驶员侧右后窗控制开关最后接地。当向下运动时,控制电流反向,使电动机翻转即可。

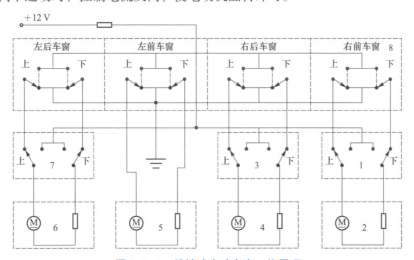

图 2-2-4 线控式电动车窗工作原理

1—右前车窗开关;2—右前车窗电动机;3—右后车窗开关;4—右后车窗电动机;
5—左前车窗电动机;6—左后车窗电动机;7—右前车窗开关;8—驾驶员主控开关组件

如图 2-2-5 所示,为迈腾 2012 B7L 主驾电动车窗控制原理图,在该款车辆中,采用了车门控制单元进行综合控制的方案,以驾驶员侧前部车窗升降器按钮 E710 为例,共有上升、一键上升、下降、一键下降 4 个挡位,当拨动到对应挡位时,对应开关内的阻值不同,从而传输给 J386 车门控制单元的信号不一样,J386 根据对应的信号起动车窗升降电动机 V147 做对应的运动。

车辆 4 个车门上对应有 4 个车门的控制单元,主要实现车门的升降与门锁功能,在迈腾 2012 B7L 中,主驾驶员和副驾驶员侧车门控制单元通过 CAN 总线进行通信,主驾驶员与副驾驶员对后部乘员侧车门控制单元则使用 LIN 总线进行通信。

二、决策与计划

(一)线路分析

1. 主驾车窗电源线路

如图 2-2-6、图 2-2-7 所示,电流从蓄电池正极流出到 30 号线,经由 501 正极接线柱到 502 正极接线柱,经过熔断丝 S37 到 J386 控制单元 30a 引脚供电。

车窗升降系统电路分析

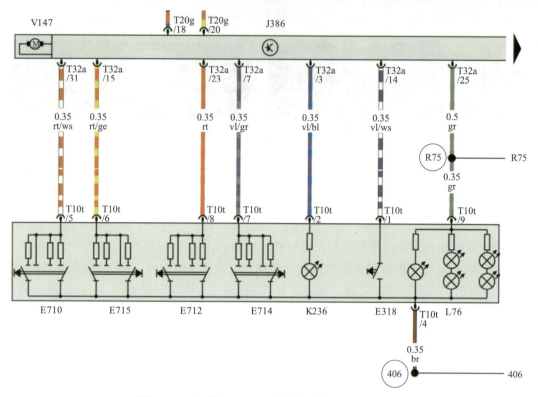

图 2-2-5　迈腾 2012 B7L 主驾电动车窗控制原理图

E710—驾驶员侧前部车窗升降器按钮；E712—驾驶员侧后部车窗升降器按钮，在驾驶员车门中；
E714—副驾驶员侧后部车窗升降器按钮，在驾驶员车门中；E715—副驾驶员侧部车窗升降器按钮，在驾驶员车门中；
J386—驾驶员侧车门控制单元；V147—驾驶员侧电动车窗升降电动机；E318—儿童安全锁按钮

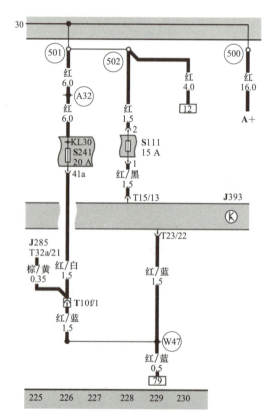

图 2-2-6　帕萨特 1.8T 领驭电动车窗电源系统电路图

A—蓄电池，在排水槽中部；J393—舒适/便利功能系统中央控制单元，在驾驶员侧搁脚空间下面；
500—正极螺栓连接点（30），在中央电器板上；501—正极螺栓连接点（30），在中央电器板上；
502—正极螺栓连接点（30），在中央电器板上；A32—正极连接线（30），在仪表板线束内；W47—正极连接线（30a），在车身线束内

2. 开关线路

如图 2-2-7 所示,当左后车窗升降器开关 E53 向上闭合时,E53 的 4 引脚和 GND 引脚连通,此时 J386 的 6 引脚和 1 引脚接通,J386 根据串联的电阻判定发送的是向上运动的信号。

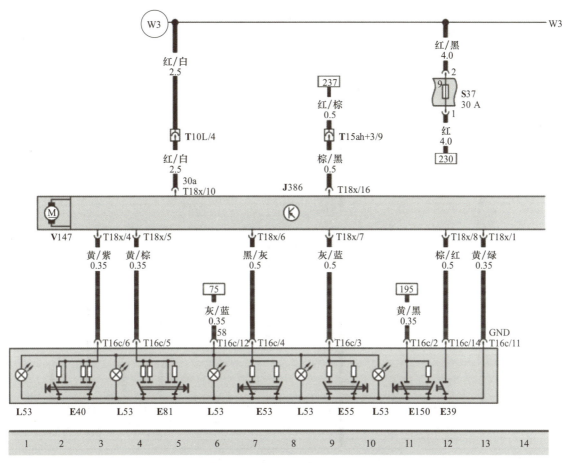

图 2-2-7　帕萨特 1.8T 领驭电动车窗主驾控制开关电路图

E39—后部车窗升降器联锁开关,在驾驶员车门内;E40—左前车窗升降器开关,在驾驶员车门内;E53—左后车窗升降器开关(驾驶员控制),在驾驶员车门内;E55—右后车窗升降器开关(驾驶员控制),在驾驶员车门内;E81—右前车窗升降器开关(驾驶员控制),在驾驶员车门上;E150—驾驶员侧车内联锁开关,在驾驶员车门内;J386—驾驶员侧车门控制单元,在驾驶员车门内;L53—车窗升降器开关照明灯泡;S37—车窗升降器单独熔断丝,30 A,黄色插座,在仪表板左侧下方 8 位置附加继电器板 A 号位;T10L—10 针插头,黑色,在左 A 柱处 2 号位;T16c—16 针插头,棕色,驾驶员侧电动摇窗机开关插头;T15ah+3—18 针插头,灰色,在左 A 柱处 16 号位;T18x—18 针插头,黑色,驾驶员侧车门控制单元插头;V147—驾驶员侧车窗升降器电动机,在驾驶员车门内;W3—正极连接器(30a),在车身线束内

3. 用电器线路

如图 2-2-8 所示，当 J386 判定是左后车窗的向上运动信号时，将该信号通过 J386 的 12 引脚输出给 J388 的 12 引脚，这时 J388 根据输入的信号驱动电动机 V26 对应向上运动。特别说明的是，从 J386 的 12 引脚到 J388 的 12 引脚采用的是 LIN 总线的传输方式，ECU 之间的相互信息传输采用的都是总线传输进行。

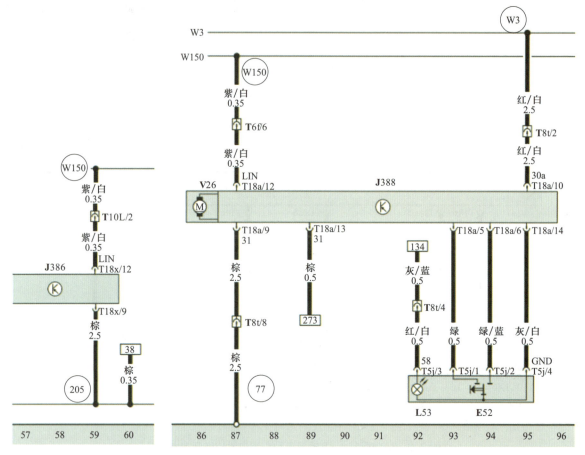

图 2-2-8　帕萨特 1.8T 领驭电动车窗用电器电路图

E52—左后车窗升降器开关，在左后车门内；J388—左后车门控制单元，在左后车门内；L53—车窗升降器开关照明灯泡；T5j—5 针插头，黑色，左后车窗升降器开关插头；T6f—6 针插头，红色，在左 B 柱中部；T8t—8 针插头，黑色，在左 B 柱中部；T18a—18 针插头，黑色，在后车门控制单元插头；V26—左后车窗升降器电动机，在左后车门内；㊆—接地点，在左 B 柱下部；W3—正极连接线（30a），在车身线束内；W150—线接线（LIN-BUS），在车身线束内

（二）线路简图

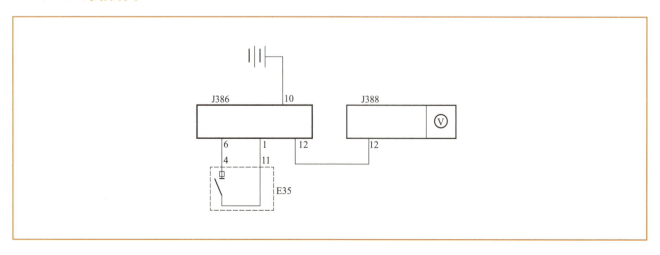

(三) 故障分析

故障分析树	排故流程计划

三、实施与检查

(一) 根据决策和计划环节分析进行对应的实施,检测的电阻、电压等数值记录在下表中

(二) 电动车窗系统常见故障

1. 玻璃升降器不工作

熔断器断路;连接导线断路或相关插接件松脱;有关继电器、开关损坏;电动机损坏;搭铁线锈蚀、松动。熔断器是否断路→各插接件连接是否紧固可靠→电源线是否有电,电压是否正常→搭铁线搭铁是否良好可靠→开关、继电器及电动机是否损坏,如确属零部件损坏则应更换新件。

2. 某车窗不能升降或只能一个方向运动

该车窗开关或电动机损坏;该处导线断路或插接件松脱。该窗的开关是否正常→通电检查该窗电动机是否正常,如有故障应检修或更换新件;若正常→检修连接导线是否有断路处。

如车窗只能朝一个方向运动,一般是开关故障或相关导线断路,可先检查线路,再检查开关。

3. 升降器工作时有异响

安装时未调整好;卷丝筒内钢丝跳槽;滑动支架内传动钢丝夹转动;电动机盖板或固定架与玻璃碰擦等机械故障。一般是安装位置或精度偏差所致,只需对所在位置的螺钉进行重新调整或紧固、矫正即可。

四、评价

根据本任务内容,评价遇到的问题与注意事项。

五、练习题

问题一：

如图 2-2-6、图 2-2-7 所示，主驾车窗电源线路，电流从蓄电池正极流出到 30 号线，经由_____正极接线柱到_____正极接线柱，经过熔断丝 S37 到 J386 控制单元 30a 引脚供电。

问题二：

如图 2-2-7 所示，当左后车窗升降器开关 E53 向上闭合时，E53 的_____和_____引脚连通，此时 J386 的_____引脚和_____引脚接通，J386 根据串联的电阻判定发送的是向上运动的信号。

问题三：

玻璃升降器不工作的主要原因：_____。

问题四：

某车窗不能升降或只能一个方向运动的主要原因：_____。

问题五：

升降器工作时有异响的主要原因：_____。

六、课后思考

一辆轿车在高速的情况下，右前车窗有明显的风噪，维修工甲认为是车窗的密封条老化导致的，应该更换密封条；维修工乙认为是玻璃升降器电动机和连接的机械结构部分有灰尘、杂质等，导致不能完全升到顶端，应该拆卸开进行清洁工作。甲和乙谁说的对？

单元测试页　辅助电器系统综合故障诊断与排除

第一步：资讯环节	教师评价记录
1. 故障现象描述	
2. 电路工作原理简图	

第二步：决策与计划环节	
1. 小组人员分工	
2. 故障分析树	
3. 确定故障范围	

第三步：实施与检查环节	
1．实施流程	
2．确认故障位置及原因	
3．排除故障进行恢复检查及整理 □正常　　　□异常（情况说明　　　　　　　　　）	
第四步：评价总结	
成绩总评	

项目三
发动机无法起动故障诊断与排除

项目描述

本项目主要进行发动机无法起动的故障诊断与排除，发动机无法起动是汽车故障中比较常见的一种故障现象，成因复杂，工作人员需要相关的基础知识储备，并有良好的分析能力才能解决相关问题。本项目将无法起动的原因主要分成了四方面，从四个任务去分析故障成因，对前期所学的电路分析和诊断思维需要加以综合运用，进行故障的分析排除。

项目内容

任务一　发动机无法起动——起动系统故障诊断与排除；
任务二　发动机无法起动——燃油供给系统故障诊断与排除；
任务三　发动机无法起动——点火系统故障诊断与排除；
任务四　发动机无法起动——ECU系统故障诊断与排除。

项目目标

能进行汽车发动机无法起动——起动系统故障的诊断和排除；
能进行汽车发动机无法起动——燃油供给系统故障的诊断和排除；
能进行汽车发动机无法起动——点火系统故障的诊断和排除；
能进行汽车发动机无法起动——ECU系统故障的诊断和排除。
能够分析发动机系统控制电路。

任务一 发动机无法起动——起动系统故障诊断与排除

工作情景描述

一位车主车辆行驶了 8 万 km,车辆在起动时能听到"哒哒"轻轻撞击的声音,但起动机没有其他工作的声音,请据此判断故障原因。

学习目标

通过本任务学习,应能:
1. 掌握起动系统的结构和工作原理;
2. 熟悉起动系统电路图;
3. 分析起动系统故障并进行排除。

一、资讯

(一)车辆正常起动应具备的条件

车辆正常要起动,主要需要满足以下几个条件:

(1)准确的点火时间和足够的点火能量。这部分主要受发动机点火系统的控制,主要容易出现的故障问题集中在火花塞和点火线圈上。

(2)合适的空燃比(空气和燃油的比例)。这部分是由燃油供给系统及进气系统来保证的,主要容易出现的问题集中在喷油器和供油系统上。

(3)起动机是否正常工作。这部分由起动系统决定,主要容易出现的问题集中在起动机上。

(4)合适的气缸压力。这部分的性能好坏主要取决于发动机的机械系统,经历过大修和使用年限较长的车辆容易出现该类故障。

(5)防盗系统故障等。

当以上几个方面存在问题时就有可能导致发动机无法起动,对无法起动的故障首要考虑以上几个方面的影响,或者几个故障共同作用导致的不能起动。

(二)起动系统的组成

在汽油或柴油发动机起动时,将蓄电池的电能转化为机械能,通过起动机带动飞轮,飞轮齿圈带动发动机曲轴转动。因此通常把汽车发动机曲轴在外力作用下,从开始转动到怠速运转的全过程称为发动机的起动过程。

起动系统主要由蓄电池、起动机、起动继电器、点火开关等部件组成。起动机在点火开关及起动继电器的控制下通电转动,并带动发动机齿轮齿圈使曲轴转动,起动发动机。为增大转矩,便于起动,起动机与曲轴的传动比:汽油机一般为 13～17,柴油机一般为 8～10。起动机驱动齿轮的齿数一般为 5～13 齿。

起动机主要由三部分组成:直流电动机——产生电磁转矩;传动机构——将转矩传给发动机;电磁开关——控制电动机工作。如图 3-1-1 所示,是帕萨特 1.8T 车辆上用的起动机。

图 3-1-1　帕萨特 1.8T 起动机

（三）起动系统工作原理

如图 3-1-2 所示，起动时接通起动开关，电磁开关的吸引线圈和保持线圈通电，吸引铁芯左移，并通过驱动杠杆使齿轮移出与飞轮齿圈啮合。与此同时，由于吸引线圈的电流通过电动机的绕组，电枢开始缓慢转动，齿轮在旋转中移出，减小冲击。如果齿轮与飞轮齿端相对，不能马上啮合，此时弹簧压缩，当齿轮转过一个角度后，齿轮与飞轮迅速啮合。

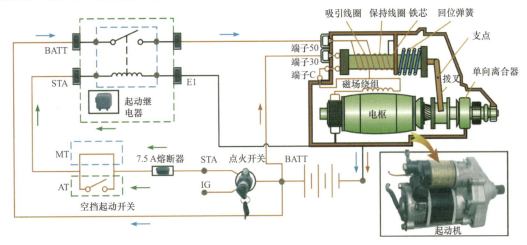

图 3-1-2　起动机工作原理

当铁芯移动到使起动机主电路开关闭合的位置时，吸引线圈被短路，失去作用，保持线圈所产生的磁力足以维持铁芯处于开关吸合的位置。在图 3-1-2 中，特别值得注意的是起动继电器，在现代车辆中，该部分往往和防盗模块、发动机控制模块线路等联系在一起，防盗系统在完成系统匹配工作后，才会允许起动继电器的控制端接通，否则无法进行起动工作。如图 3-1-3 所示，为别克君威起动系统电路图，在该系统中起动继电器受发动机控制模块的控制，在发动机控制下接收到起动的信号时，发动机模块让起动继电器通路，起动机才会工作。

迈腾 B7L 起动机具有一个接线柱和一个一针插头，接线柱 30 用以连接蓄电池正极，插头 TIV 用以连接由起动继电器 J682、起动继电器 J710 和发动机控制单元组成的控制线路，起动机通过壳体搭铁（起动机壳体与发动机壳体相连）。30 接线柱连接蓄电池正极，通过接触触点和电刷向起动机内部的电动机供电，当保持线圈通电产生磁场带动起动机内的拨叉动作时，起动机小齿轮被拨叉推出，同时起动机内部的电动机触点也被拨叉带动并与 30 接线柱内部连接线接触，使电动机电路闭合，电动机开始转动；TIV 插头为起动机的控制端子，用以在起动时向起动机内部的保持线圈提供电源电压使之产生磁场带动拨叉动作。

如图 3-1-4 所示，起动机控制线路的 TIV 端子由起动继电器 1 J682 和启动继电器 2 J710 供电，同时 J682 和 J710 的线圈侧电路的 85 号端子共同由 ON 挡继电器 J329 通过 SC10 5 A 保险提供电源电压、J682 触点侧电路 30 号端子由 J329 直接提供电源电压且其 87 号端子直接向 J710 的 30 号端子供电，J710 的 87 号端子向起动机的 TIV 端子供电，并同时通过 D 号端子向 J623 提供起动反馈信号。J710 为五脚继电器（比普通继电器多出一个 D 号管脚用于 J623 监控起动继电器 1 和 2 的工作状态以及发出起动反馈信号），其 86 号端子和 D 号端子分别与发动机控制单元 J623 的 T94/31 和 T94/74 号端子相连，用于 J623 监控 J710 和起动电路的工作状态（接收反馈信号）。

当点火开关打到 ON 挡时，车载电网控制单元 J519 给 ON 挡继电器 J329 线圈侧 85 号端子通电，J329 触点闭合通过其 87 号端子分为两路向外输出（实际上 J519 向很多用电设备供电，但在起动电路中 J519 输出只分为两路），一路通过 SC10 5 A 保险向 J682 和 J710 的 85 号端子供电，另一路直接向 J682 的 30 号端子供电。当点火开关打到起动挡，且发动机控制单元在同时接收到点火开关 D9 的起动信号、P/N 挡的挡位信号和制动信号时通过控制 J682 和 J710 的 86 号端子搭铁，使 J682 和 J710 触点闭合，进而使起动电路形成闭合回路控制起动机工作。

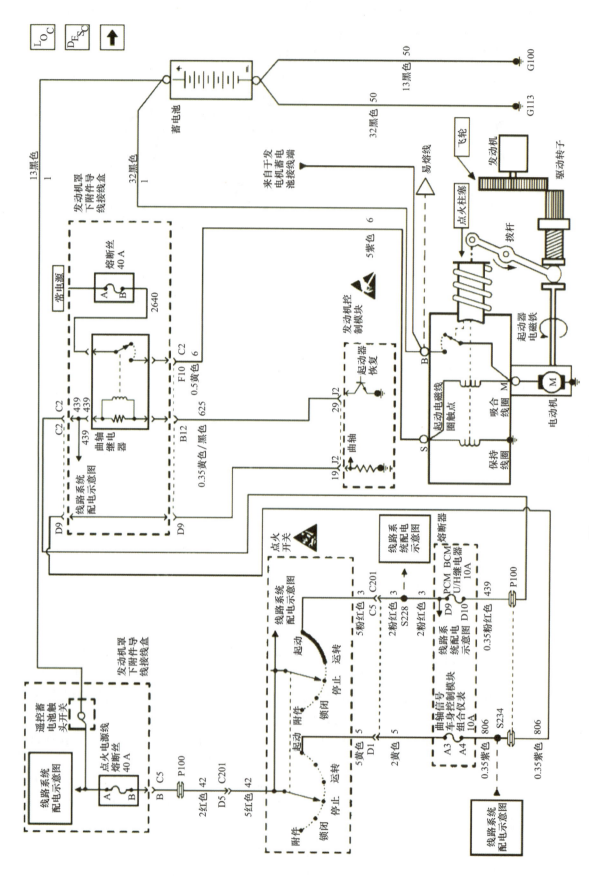

图 3-1-3 别克君威起动系统电路图

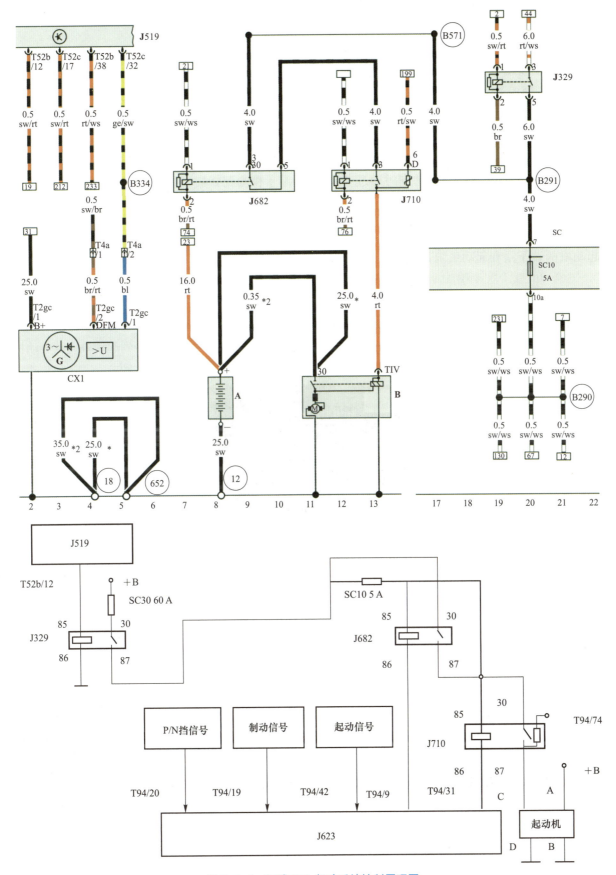

图 3-1-4　迈腾 B7L 起动系统控制原理图

起动电路的控制分为两部分，一部分是 J519 控制 J329 向起动电路供电（J682 和 J710），这部分在点火开关打到 ON 挡时实现；另一部分是 J623 控制 J682 和 J710 的 86 号端子搭铁使起动电路形成闭合回路，这部分在点火开关打到起动挡且满足起动条件时实现。

J682 的 86 号端子和 J710 的 86、D 号端子分别与 J623 的 T94/9、T94/31 和 T94/74 号端子相连。J623 除了在起动时控制 J682 和 J710 的 86 号端子搭铁外，还通过检测与之相连的 J623 侧的 T94/9 和 T94/31 号端子的电压来监控 J682 和 J710 的线圈侧电路是否正常（标准 +B → 0.65 V）；在起动过程中通过检测与 J710 D 号端子相连的 J623 侧的 T94/74 号端子的电压（标准 0 V → +B）来监控 J682、J710 和起动电路整体的工作状况是否在正常情况下，若 J623 在起动过程中通过 T94/9 和 T94/31 号端子检测到 +B → 0.65 V → +B 的电压变化，并同时通过 T94/74 号端子检测到 0 V → +B → 0 V 的电压变化时，便认为起动电路工作正常。

（四）起动机的端子

起动机的端子是和起动系统其他部件连接的端口，是重要的检测点，根据前文，目前起动机上主要有"30""50"和"C"三个引脚。三个端子的位置如图 3-1-5 所示，"30"端子是直接连接电源供电线的端子，因此在实车上进行判断时，此端子线束较多，且为较粗的红色供电线；"50"端子是控制端子，与控制端、继电器、点火开关相连接，因此端子连接线束相对较细，端子接线柱也比"30"端子小；"C"端子是连接起动机励磁线圈绕组的中间连接端子，因此不与其他外部端子相连接，直接连接到起动机直流电动机内，正确区分每个车辆上起动机的端子是进行起动系统故障排除的第一步。

图 3-1-5　起动机端子示意图

除此之外，不同起动机类型上的端子各有不同，例如有"15a"端子（短路附加电阻）等，根据车型和起动机型号有区别。

二、决策与计划

（一）线路分析

1. 电源和用电器线路

如图 3-1-6 所示，点火开关拨动到 ST 挡位时，电流从点火开关 D/50b T8v/5 引脚流出，通过继电器 J207 的 30 引脚，到 87 引脚，经过插接器 T1c，经红/黑 2.5 导线到起动机 B 的 50 引脚，电流此时经过起动机的线圈绕组后接地，吸合铁芯，另一路工作电流从蓄电池正极流出，经黑 16.0 导线带动电枢旋转，起动机开始工作。

汽车起动系统电路分析　　车辆起动的条件分析

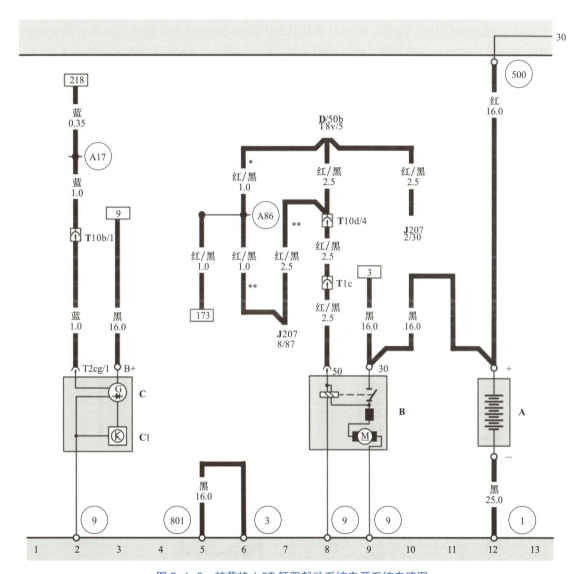

图 3-1-6　帕萨特 1.8T 领驭起动系统电源系统电路图

A—蓄电池，在排水槽中部；B—电动机，在发动机舱右侧下方；C—交流发电机，在发动机前部左侧上方；C1—电压调节器；D—点火起动开关，在转向柱上部；J207—防起动锁继电器，在仪表板左侧下方13位置继电器板上12号位（53继电器）；T1c—1针插头，黑色，在发动机缸体左侧后方；T2cg—2针插头，黑色，交流发电机插头；T8v—8针插头，黑色，点火起动开关插头；T10b—10针插头，黑色，在发动机控制单元防护罩内左侧1号位；T10d—10针插头，棕色，在发动机控制单元防护罩内左侧2号位；①—接地点，蓄电池-车身，在排水槽右侧；③—接地点，发动机-车身接地，在发动机右侧支承上；⑨—自身接地；⑤⁰⁰—正极螺栓连接点（30），在中央电器板上；⑧⁰¹—接地点，在右侧纵梁前部下方；Ⓐ17—连接线，在仪表板线束内；Ⓐ86—连接线，在仪表板线束内；*—用于装备手动变速箱的车型；**—用于装备5挡自动变速箱01V的车型

2. 开关线路

起动系统的开关线路主要包括两方面，一方面是点火开关控制的部分，参见图 0-2-3，点火开关拨动到 ST 挡位时，点火开关 D 的 30 和 50b 引脚接通，电流由此流过；另一方面如图 3-1-7 所示，在自动挡车型中，只有挡位处于 P 挡和 N 挡时，起动系统在接收到起动信号时才会起动，这部分控制电流从点火开关 D 的 50b 引脚流出，经过 J207 防起动锁继电器的 86 引脚流入，85 引脚流出，到 F125 多功能开关的 9 引脚，当车辆挡位处于 P 挡和 N 挡时，F125 多功能开关的 9 引脚处于接地状态，电流此时从该引脚完成接地，从而 J207 开始工作，J207 的 30 和 87 引脚接通，起动系统工作。J207 的作用是保证车辆在 P 挡和 N 挡起动，保证起动时的车辆安全，同样在手动挡的车型上，采用的是离合器开关，只有在空挡时线路才会被接通。

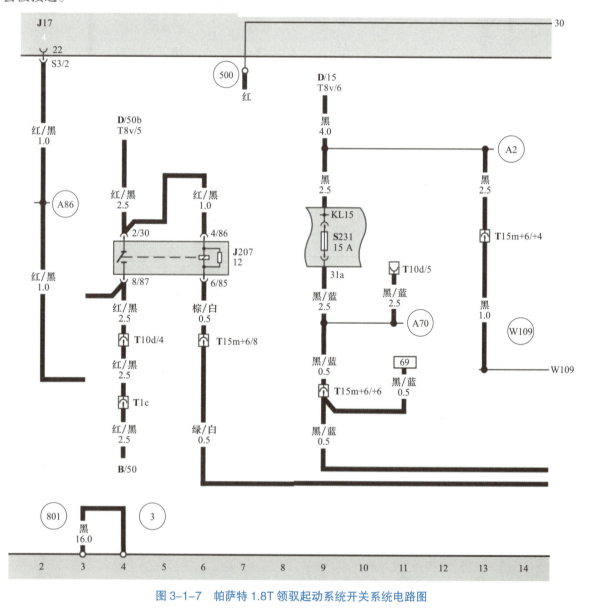

图 3-1-7　帕萨特 1.8T 领驭起动系统开关系统电路图

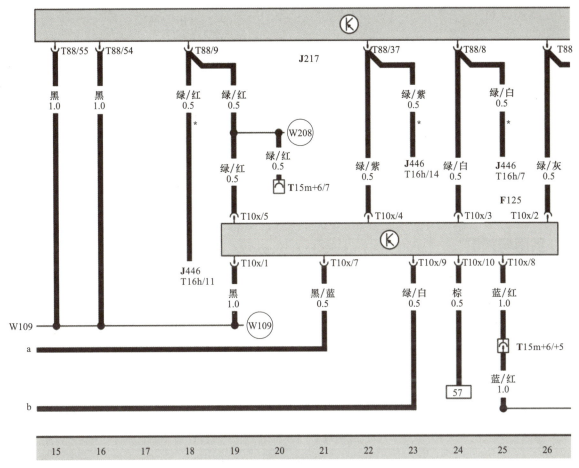

图 3-1-7　帕萨特 1.8T 领驭起动系统开关系统电路图（续）

J17—燃油泵继电器，在仪表板左侧下方中央电器板上 4 号位（372 继电器）；J207—防起动锁继电器，在仪表板左侧下方 13 位置继电器板上 12 号位（53 继电器）；S231—熔断丝 31，15 A，移动电话电子操作装置控制单元、多功能开关、Tiptronic 开关、换挡操纵杆锁止电磁阀、自动防炫目车内后视镜、选挡杆位置 P/N 指示灯熔断丝，在仪表板左侧熔丝架上；*T1c—1 针插头，黑色，在发动机舱内排水槽右侧；**T1c—1 针插头，黑色，在发动机缸体左侧后方；T8v—8 针插头，黑色，点火起动开关插头；T10d—10 针插头，棕色，在发动机控制单元防护罩内左侧 2 号位；T15m+6—21 针插头，棕色，在右 A 柱处 14 号位；⑤⓪⓪—正极螺栓连接点（30），在中央电器板上；⑧⓪¹—接地点，在右侧纵梁前部下方；Ⓐ²—正极连接线（15），在仪表板线束内；Ⓐ⁷⁰—正极连接线（15a），在仪表板线束内；Ⓐ⁸⁶—连接线，在仪表板线束内；Ⓦ¹⁰⁹—正极连接线（15），在仪表板线束内；*—用于装备 V6 发动机标识字母 BBG 的车型；**—用于装备 1.8T 发动机标识字母 CED 的车型；F125—多功能开关，在变速器左侧传动法兰后部

（二）线路简图

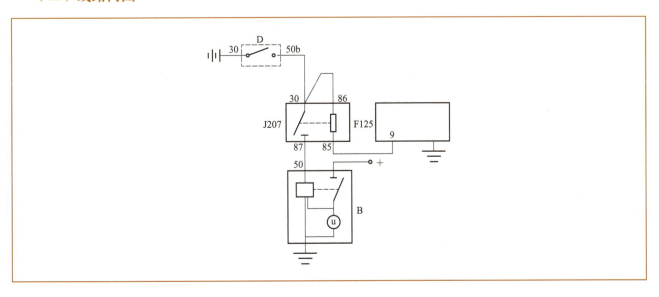

（三）故障分析

故障分析树	排故流程计划

三、实施与检查

（一）根据决策和计划环节分析进行对应的实施，检测的电阻、电压等数值记录在下表中

（二）常见故障

起动机是否工作简易判断方法：

按此简易空载方法试验时，如发现电磁开关不吸、电动机不转，或电动机在接通电源后旋转不畅，转速很慢，甚至发生机内冒烟、产生异味等均属不正常现象，必须送专业单位维修或更换新机，强行使用会引发线路烧坏等严重后果。

1. 接通起动开关起动机不转

故障原因：

（1）蓄电池亏电、接头松或接触不良。

（2）起动机原因（开关触点烧蚀、换向器烧蚀、电刷弹簧压力过小或卡死、电刷引线断路、磁场或电枢绕组断路、短路搭铁等）。

（3）起动继电器故障。

（4）点火开关故障。

（5）连接导线故障。

2. 起动机运转无力

故障原因：

（1）蓄电池亏电或短路使供电不足。

（2）电动机主电路接触电阻增大使工作电流减少（蓄电池搭铁电缆搭铁不实；电池正、负极柱上的端头固定不牢；电动机开关触点与触盘烧蚀；换向器烧蚀等）。

（3）磁场绕组或电枢绕组局部短路使输出功率降低。

（4）发动机装配过紧或环境温度导致起动电阻过大。

3. 起动机发出打机枪的"哒哒"声

故障原因：

（1）电磁开关保持线圈断路或搭铁不良。

（2）蓄电池严重亏电或内部短路。

①起动时只听到起动机电磁开关"咯咯"声，或首次起动时起动机带动曲轴缓转几下，继而出现起动电磁开关"咯咯"响，但曲轴却不转动。此现象一般属于蓄电池"亏电"故障。

②临时停车每次都能起动，但停车时间较长或第二天起动时却只能使曲轴转一下。此现象属于蓄电池自放电严重，其极板、隔板严重老化，说明该蓄电池已经接近报废。

③起动时起动机突然转动无力，并伴有烧橡胶气味或蓄电池处有烟冒出，多属极桩、极桩夹子接触不良而发热烧损。

④若起动时起动机驱动齿轮与发动机飞轮齿圈发出撞击的空转声，其原因有二：一是飞轮齿圈的啮合切入面变形；二是起动机驱动齿轮与飞轮齿圈的间隙太大。两者无法啮合，发动机也就不能起动。

⑤电源总开关一接通，起动机驱动齿轮就和飞轮齿圈啮合在一起转动。出现这种故障，一是起动机电磁开关的保持线圈错接在了电源接线柱上；二是钥匙开关上的3根线接错，判断方法：钥匙在"0"位置时起动机驱动齿轮不转，在"2"位置时起动机驱动齿轮与飞轮齿圈啮合一起转动。

⑥起动开关转到起动位置发动机不能起动，也无其他现象。这种故障，一是钥匙、开关因磨损而未接通起动电路；二是起动继电器未接通起动机电磁开关电路；三是电源开关未接通主电路。

⑦起动时只有轻微"嗒"的一声，再无任何反应，这是起动继电器发卡所致。这时只要按一下电磁铁尾部，迫使电磁铁前移，即可将起动电路接通，从而使发动机起动。

四、评价

根据本任务内容，评价遇到的问题与注意事项。

五、练习题

问题一：

车辆正常要起动，主要需要满足哪几个条件？_____。

问题二：

起动系统主要由_____、_____、起动继电器、_____等部件组成。起动机在点火开关及起动继电器的控制下通电转动，并带动发动机齿轮齿圈使曲轴转动，起动发动机。

问题三：

起动机的端子是和起动系统其他部件连接的端口，是重要的检测点，根据前文，目前起动机上主要有_____、_____和_____三个引脚。

问题四：

如图 3-1-6 所示，点火开关拨动到 ST 挡位时，电流从点火开关_____引脚流出，通过继电器的_____30 引脚，到 87 引脚，经过插接器 T1c，经红/黑 2.5 导线到起动机 B 的 50 引脚，电流此时经过起动机的线圈绕组后接地，吸合铁芯，另一路工作电流从蓄电池正极流出，经黑 16.0 导线带动电枢旋转，起动机开始工作。

问题五：

（1）接通起动开关起动机不转的主要原因：_____。

（2）起动机运转无力的主要原因：_____。

（3）起动机发出打机枪的"哒哒"声的主要原因：_____。

六、课后思考

维修工在判定起动系统存在问题后，如何快速判定起动机的正常与否？

任务二　发动机无法起动——燃油供给系统故障诊断与排除

工作情景描述

一位车主车辆行驶了 8 万 km，车辆在起动时起动机工作，但车辆无法起动，通过调阅故障码，系统显示正常，在这种情况下，应该如何分析故障原因？

学习目标

通过本任务学习，应能：
1. 掌握燃油供给系统的结构和工作原理；
2. 熟悉燃油供给系统电路图；
3. 分析燃油供给系统故障并进行排除。

一、资讯

（一）燃油供给系统的组成

如图 3-2-1 所示，燃油供给系统的功用是储存燃油，通过电动汽油泵向喷油器提供足够压力的汽油，喷油器根据来自 ECU 的控制信号，向进气歧管内进气门上方喷射定量的汽油。燃油供给系统由燃油箱、电动燃油泵、燃油滤清器、脉动阻尼器、喷油器、调压器及油管等组成。

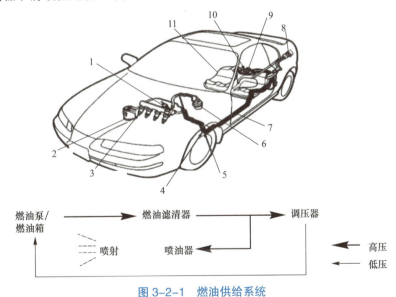

图 3-2-1　燃油供给系统

1—调压器；2—燃油蒸发控制装置炭罐；3—燃油喷射器；4—燃油蒸气管；5—燃油供给管；6—燃油滤清器；
7—燃油回流管；8—油箱盖；9—双通阀；10—燃油泵；11—燃油箱

1. 燃油箱

燃油箱的作用是储存汽油，在一般车辆中燃油箱做成简单的方形或圆柱体形状，但轿车燃油箱为了适应整车外观造型及车架的需要往往做成比较复杂的形状，油箱体一般采用薄钢板冲压焊接而成，为了提高强度，其表面往往冲压成加强筋形式。

2. 电动燃油泵

如图 3-2-2 所示，燃油泵一般采用油箱内置。油泵内置时，因浸泡在燃油里，这样可以防止产生气阻和燃油泄漏，且噪声小。同时，可以通过汽油进行冷却和润滑，延长使用寿命。燃油泵的电动机为小型直流电动机，其作用是把燃油从油箱中吸出，加压后输送到管路中，和燃油压力调节器配合建立合适的系统压力。电动燃油泵按安装形式可分为两种：油箱外置式和油箱内置式。无论是油箱内置式还是油箱外置式电动燃油泵，其结构基本上都由泵体、电动机和外壳等部分组成。

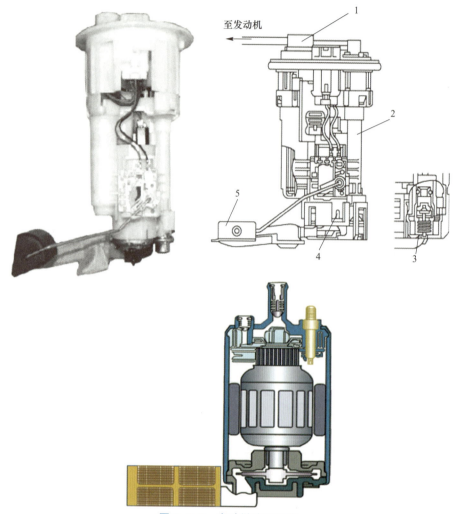

图 3-2-2 电动燃油泵组成

1—燃油切断阀；2—燃油滤清器；3—燃油压力调节器；4—电动燃油泵；5—燃油浮子

3. 燃油滤清器

燃油滤清器的主要作用是过滤燃油中的杂质和水分，防止燃油系统堵塞，减小机件磨损，保证发动机正常工作。一般采用纸质滤芯，每行驶 4 万 km 应更换，安装时应注意燃油流动方向的箭头，不能装反。

4. 脉动阻尼器

如图 3-2-3 所示，为脉动阻尼器结构，主要为膜片与弹簧组成的缓冲装置。在喷油器喷油时，油路中的油压会产生微小波，脉动阻尼器可以减小这种波动和降低噪声。

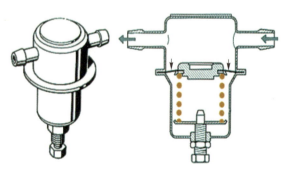

图 3-2-3 脉动阻尼器示意图

5. 喷油器

如图 3-2-4 所示，为喷油器结构示意图，由滤网、电接头、电磁线圈、回位弹簧、衔铁和针阀等组成。喷油器安装在进气歧管的上方，执行 ECU 指令，控制燃油喷射量。

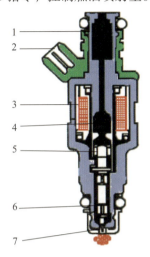

图 3-2-4　喷油器结构示意图

1—滤网；2—电接头；3—电磁线圈；4—弹簧；5—衔铁；6—针阀；7—轴针

（二）燃油供给系统的工作原理

如图 3-2-5 所示，燃油供给系统主要依靠燃油泵和喷油器工作，首先在车辆准备起动前，车辆挡位在 N 挡或 P 挡，此时起动继电器工作，电流经过 EFL 熔断丝开路继电器工作，发动机 ECU 中 VT1 收到点火信号时，M-REL 引脚输出电流，主继电器工作，电流从正极流出，经主继电器、防盗和门锁控制 ECU 的 +B 和 FP 引脚，到达燃油泵继电器，A 引脚结合，燃油泵开始工作。当车辆起动时，发动机 ECU 控制喷油器按点火顺序依次喷油。

在车辆点火钥匙接通到 ON 挡位，尚未点火的情况下，在接通的瞬间，发动机 ECU 同样会控制燃油泵进行泵油工作，持续 1～2 s 停止供油，关闭再打开燃油泵不再工作。此时系统主要是为了保证车辆的燃油油路中有稳定的油压，如果关闭点火钥匙较长时间，重新接通到 ON 挡位，燃油泵仍会重新持续工作 1～2 s 保证油路油压的稳定。

目前电控发动机上普遍采用顺序喷油的方式，每个喷油器的喷油时刻和喷油脉宽受到 ECU 的独立控制，保证准确性。

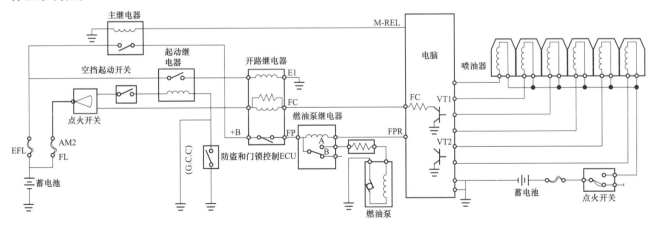

图 3-2-5　燃油供给系统控制原理示意图

（三）燃油供给系统压力的检测

通过检测燃油供给系统压力，可诊断燃油供给系统是否有故障，进而根据检测结果确定故障性质和部位。

检测时需用专用油压表和管接头，拆下蓄电池负极搭铁线，安装汽车专用汽油压力表，压力表一般安装于汽油滤清器的出油口或燃油分配管的进油口处，带测压口的车辆可将燃油压力表连接至测压口处，重新装复蓄电池负极搭铁线、电动燃油泵继电器和电动燃油泵导线插头。

1. 检测静态油压

拔下电动燃油泵继电器，用导线将电动燃油泵继电器供电端子短接；打开点火开关（不起动发动机）使电动燃油泵运转，此时的燃油压力应符合技术要求，一般应在 0.3 MPa 左右摆动。

静态油压偏高多是由于回油管变形或油压调节器损坏造成的。静态油压偏低多是由于油泵进油滤网脏堵、电动燃油泵内部磨损、电动燃油泵限压阀损坏、汽油滤清器脏堵、油压调节器调压弹簧过软或喷油器喷孔卡滞常喷油造成的。

2. 检测油泵最大供油压力

用包有软布的钳子将回油软管夹住，此时油压表读数即油泵最大供油压力，其值应符合车型技术要求，一般为工作油压的 2～3 倍，即 0.50～0.75 MPa。

油泵最大供油压力偏高是由于油泵限压阀卡滞造成的，应更换电动燃油泵。油泵最大供油压力偏低是由于燃油滤清器堵塞、油泵进油滤网脏堵、电动燃油泵内部磨损、油泵限压阀关闭不严或调压弹簧过软造成的。

3. 检测燃油供给系统保持压力

松开油管夹钳，恢复静态油压，取下油泵继电器跨接线使油泵停止运转，并等待 30 min，此时油压表读数即燃油供给系统保持压力，应符合车型技术规定。

保持压力过低是由于电动燃油泵止回阀关闭不严、油压调节器回油口关闭不严或喷油器滴漏造成的。保持压力检测完毕后再次复查静态压力，如果静态压力仍然偏低应更换油压调节器。

4. 检测怠速工作压力

发动机怠速运转时油压表读数即燃油供给系统的怠速工作压力，一般为 0.25 MPa 或符合车型技术规定。怠速工作油压偏高多是由于油压调节器真空管错装、漏装或漏气造成的，此时应先检视真空管安装是否正确、是否存在漏气部位，必要时予以更换。检测怠速工作压力时，拔下真空管时油压应上升至 0.3 MPa，否则应更换油压调节器。

5. 检测急加速压力

急加速至节气门全开时油压表读数即燃油供给系统的急加速油压，一般急加速时油压应迅速由怠速工作时的 0.25 MPa 上升至 0.3 MPa，或符合车型技术规定。若急加速油压无变化，则可能是真空管插在了有单向阀的真空储气罐上（如制动真空系统），应予以恢复。若急加速油压与怠速油压差值小于 0.05 MPa，则说明在节气门全开时进气系统仍存在真空节流（例如节气门无法开至最大角度），应予以检修。

6. 电动燃油泵供油量的检查

按安全操作规程拆除燃油分配管上的进油管；把拆开的进油管放入一个大号量杯中；用跨接线将电动燃油泵与蓄电池相连，此时电动燃油泵工作，泵送出高压汽油；记录电动燃油泵工作时间和供油体积，供油量应符合车型技术要求。一般经汽油滤清器过滤后的供油量为 0.6～1 L/30 s。检测电动燃油泵供油量时，应充分认识此项操作的危险性，操作现场应通风良好，断绝火源并准备好灭火器材。

（四）缸内直喷系统

目前新型车辆上普遍使用了缸内直喷系统提高燃油的喷射效果，与传统的自然吸气发动机供油系统相比，燃油供给系统更加复杂，燃油压力更高，对系统要求更严格，如图 3-2-6 所示，为大众 2.0 TFSI 发动机燃油供给系统，与普通的发动机供油系统相比，多了燃油高压泵将燃油箱内的初级油压进行加压，送到油轨上，此时油轨上承受 50～110 bar[①] 的高压，喷油器由 ECU 控制喷射。

---

① 1 bar=10^5 Pa。

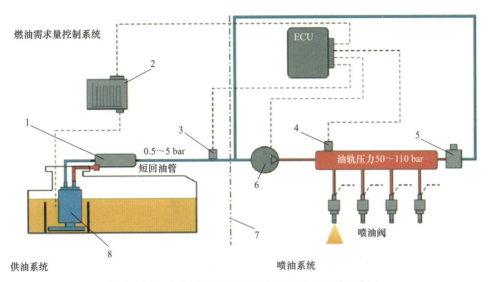

图 3-2-6　大众 2.0 TFSI 发动机燃油供给系统示意图

1—带有压力调节阀的燃油滤清器；2—电子功率控制装置；3，4—压力传感器；5—压力调节阀（高于 120 bar）；6—高压泵；7—减振支柱座；8—带有燃油量传感器的供油单元

因为高压力的缘故，燃油喷射的雾化效果更佳，同时对喷油器的要求更高，如图 3-2-7 所示，是大众 2.0 TFSI 发动机燃油供给系统高压部分示意图。在低压燃油管路上和高压燃油管路上，有对应的压力传感器，监测燃油压力，提供给 ECU，从而控制高压油泵的工作。在低压系统中采用电动燃油泵给高压泵供应压力约为 6 bar 的燃油，在高压系统中燃油压力为 50 ~ 110 bar（取决于负荷和转速），在奥迪 2.0 TFSI 发动机上，燃油压力是由一个单活塞高压泵经燃油计量阀建立起来的，然后再经燃油分配管输送到 4 个高压喷油阀上。压力限制阀是用来保护高压部件的，该阀在压力超过 120 bar 时打开。燃油压力调节阀，控制燃油轨内的燃油压力，如果该阀在供油升程结束前启动了，泵腔内的压力就会卸掉，燃油流向泵的吸油一侧，单向阀用于防止燃油分配管内的油轨压力卸掉。燃油压力传感器用于测量油轨内的燃油压力，燃油压力传感器的测量误差小于 2%，该传感器的核心就是一个钢膜，在钢膜上镀有应变电阻，一旦要测的压力经压力接口作用到钢膜的一侧时，由于钢膜弯曲，就引起应变电阻的电阻值发生变化。油轨内的压力保持恒定对减少排放、降低噪声和提高功率有重要影响。

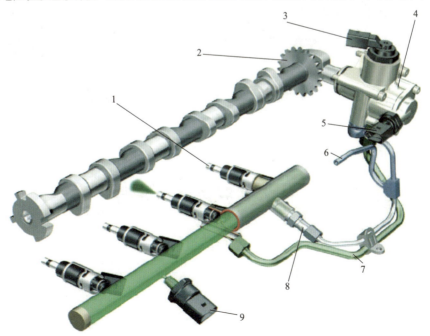

图 3-2-7　大众 2.0 TFSI 发动机燃油供给系统高压部分示意图

1—高压喷油阀；2—三联泵凸轮；3—燃油压力调节阀 N276；4—高压泵；5—燃油压力低压传感器 G410；6—低压燃油管；7—高压燃油管；8—压力限制阀；9—燃油压力传感器 G247

如图 3-2-8 所示，是缸内直喷系统喷油器总成和高压油泵总成示意图，单活塞高压泵由凸轮轴以机械方式来驱动电动燃油泵给高压泵预供油，预供油压力约为 6 bar，高压泵产生燃油轨内所需要的压力（50～110 bar），压力缓冲器会吸收高压系统内的压力波动。泵活塞向下运动，燃油以最高 6 bar 的压力经进油阀进入泵腔。另外，泵活塞向下运动也会吸入燃油。泵活塞向上运动，燃油被压缩，于是通过油轨的压力就升高，高压燃油就被输送到燃油分配管内。喷油器在缸内直喷系统中又被称为高压喷油阀，主要作用是进行燃油精细雾化，正确定量喷射以及喷入燃烧室内正确的喷射范围与喷射正时，喷油阀将燃油直接喷入燃烧室，它是个单孔喷嘴，燃油喷束角为 70°，喷束倾角为 20°，可以在短时间内喷射出大量的燃油。

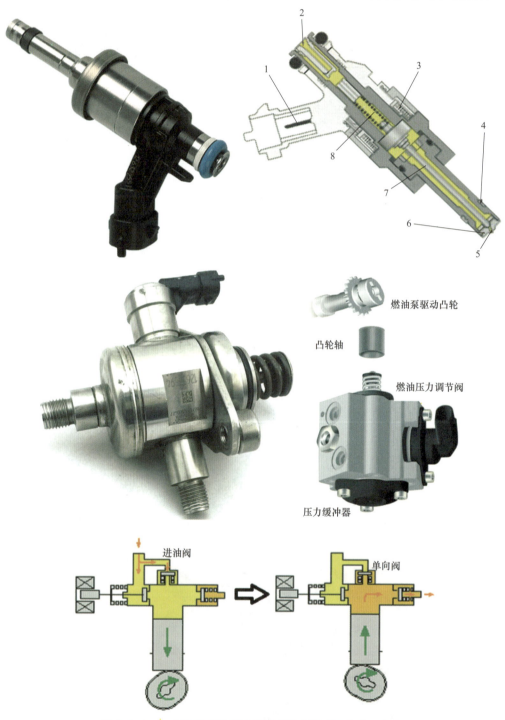

图 3-2-8　缸内直喷系统喷油器总成和高压油泵总成示意图
1—供电接头；2—燃油分配管的入口（带细滤网）；3—电磁线圈；4—四氟乙烯密封圈；5—出油孔；
6—阀座；7—带衔铁的阀针；8—压力弹簧

如图 3-2-9 所示，为迈腾 B7L 发动机燃油泵控制原理图，在大众迈腾 1.8TSI 轿车上采用涡轮增压汽油直喷技术，迈腾 1.8TSI 轿车燃油控制系统主要由电动油泵、带压力限制阀的滤清器、低压燃油压力传感器 G410、燃油高压泵、燃油压力调节阀 N276、高压燃油压力传感器 G247、燃油轨道、压力限制阀、喷油器、发动机控制单元 ECU 和燃油泵控制单元 J538 等组成。与上文叙述类似，迈腾 B7L 发动机采用汽油缸内直喷技术，燃油系统通过燃油高压泵（由轮轴驱动）把低压燃油系统内 50～650 kPa 的低压燃油转化为 1.1～3.0 MPa 的高压燃油，以满足不同工况的需求。燃油压力调节阀 N276 装在燃油高压泵上，属高频电磁阀。发动机控制单元根据装在高压油轨上的高压燃油压力传感器 G247 所监测到的信号，控制 N276 以精确调整占空比，从而得到所需的燃油压力。低压燃油系统的压力是由燃油箱中的电动燃油泵提供的，装在燃油箱上部的燃油泵控制单元 J538 根据脉宽调制信号，控制电动燃油泵工作，使低压燃油系统压力维持在 50～500 kPa。在发动机起动时，低压燃油系统的压力能达到 600 kPa 以上，用以保证发动机的正常起动及工作。

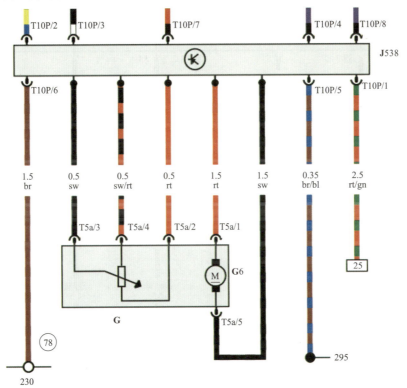

图 3-2-9　迈腾 B7L 发动机燃油泵控制原理图

J538—燃油泵控制单元；G—燃油存量传感器；G6—预供给燃油泵

二、决策与计划

（一）线路分析

1. 电源线路

参见图 3-1-4，蓄电池电源直接给 30 号线供电，电流从 30 号线经正极接线柱 501 到正极接线柱 502，最后达到继电器 J17 的 30 引脚。

2. 开关线路

如图 3-2-10 所示，当车辆起动，点火开关在 ON 挡位，电流从点火开关 D/15、T8v/6 引脚流出，经黑 4.0 导线，到黑 0.5 导线，到 S3/3，从 J17 的 86 引脚流入，T 引脚流出，经红/蓝 0.35 导线，到发动机控制单元 J220 的 65 引

汽车燃油供给系统电路分析

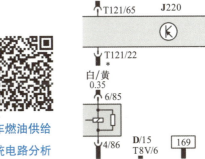

图 3-2-10　帕萨特 1.8T 领驭燃油供给系统开关控制部分电路图

脚，由发动机控制单元 J220 控制接地，此时 J17 工作，J17 的 30 引脚和 87a、87 引脚接通（图 3-2-11）。

3. 用电器线路

如图 3-2-11 所示，当 J17 接通时，电流从 87 引脚流出，经燃油泵熔断丝 S228 到燃油泵 G6，G6 接地，燃油泵开始工作。另一条线路从 87 引脚流出到 87F 号线上，经过 504 正极接线柱，通过 S232 熔断丝到达 N30、N31、N32、N33 四个喷油器，有电脑端控制接地，实现喷油器工作。

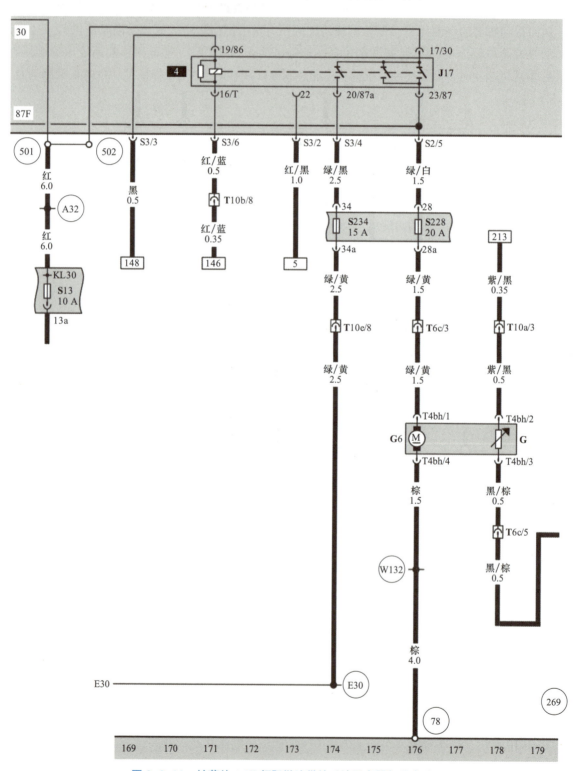

图 3-2-11　帕萨特 1.8T 领驭燃油供给系统用电器部分电路图

任务二　发动机无法起动——燃油供给系统故障诊断与排除

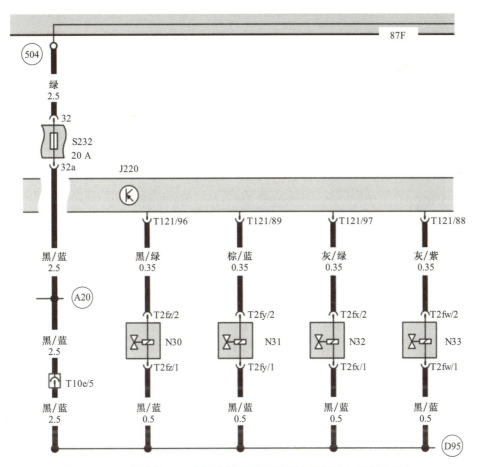

图 3-2-11　帕萨特 1.8T 领驭燃油供给系统用电器部分电路图（续）

G—燃油存量传感器，在燃油箱内；G6—燃油泵（供油泵），在燃油箱内；J17—燃油泵继电器，在仪表板左侧下方中央电器板上 4 号位（372 继电器）；S228—熔断丝 28，20 A，燃油泵熔断丝，在仪表板左侧熔断丝架上；J220—Motronic 发动机控制单元，在排水槽左侧防护罩内；N30—喷嘴，第 1 缸；N31—喷嘴，第 2 缸；N32—喷嘴，第 3 缸；N33—喷嘴，第 4 缸；S232—熔断丝 32，20 A，GRA 开关、喷嘴熔断丝，在仪表板左侧熔断丝架上

（二）线路简图

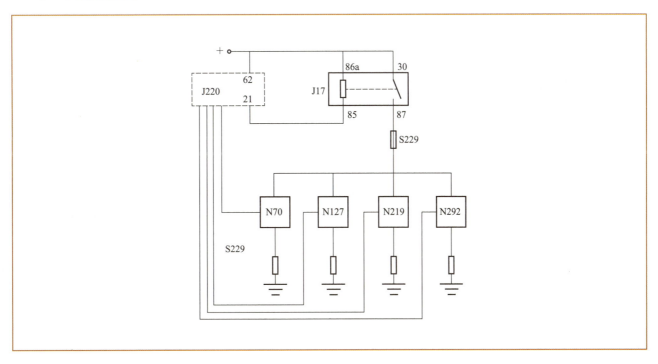

(三) 故障分析

故障分析树	排故流程计划

三、实施与检查

(一) 根据决策和计划环节分析进行对应的实施，检测的电阻、电压等数值记录在下表中

(二) 常见故障

汽车燃油系统运行时间一长后，其管路中便会充斥着因燃油氧化形成的积炭、胶质等，受天气等因素影响，水分会难以避免地进入油箱、油路中。过多的积炭、胶质等会使燃油滤清器受到损坏及喷油嘴堵塞，而水分则会使燃油泵过早磨损、油路中金属部件腐蚀。

1. 燃油泵常见故障

安全阀漏油或弹簧失效；单向阀漏油；进油滤网堵塞；电动机烧坏；燃油泵磨损。

2. 喷油器常见故障

电动喷油器胶结、电动喷油器堵塞；电磁线圈或内部线路连接处断路，电动喷油器密封不严；电动喷油器阀口积污。

3. 燃油滤清器常见故障

通常燃油滤清器的更换周期为一年半或 4 万 km。燃油滤清器常出现松动和四周渗漏现象，所以驾驶员应经常紧固检查以免对汽车行驶造成不便。

四、评价

根据本任务内容，评价遇到的问题与注意事项。

五、练习题

问题一：

燃油供给系统的功用是储存燃油，通过电动汽油泵向喷油器提供足够压力的汽油，喷油器根据来自_____的控制信号，向进气歧管内进气门上方喷射定量的汽油。

问题二：

通过检测_____，可诊断燃油供给系统是否有故障，进而根据检测结果确定故障性质和部位。检测时需用专用油压表和管接头，拆下蓄电池负极搭铁线，安装汽车专用汽油压力表，压力表一般安装于汽油滤清器的出油口或燃油分配管的进油口处，带测压口的车辆可将燃油压力表连接至测压口处，重新装复蓄电池负极搭铁线、电动燃油泵继电器和电动燃油泵导线插头。

问题三：

静态油压偏高多是由于_____造成的。静态油压偏低多是由于_____、电动燃油泵内部磨损、电动燃油泵限压阀损坏、_____、油压调节器调压弹簧过软或喷油器喷孔卡滞常喷油造成的。

问题四：

发动机怠速运转时油压表读数即燃油供给系统的怠速工作压力，一般为_____MPa 或符合车型技术规定。怠速工作油压偏高多是由于油压调节器真空管错装、漏装或漏气造成的，此时应先检视真空管安装是否正确、是否存在漏气部位，必要时予以更换。检测怠速工作压力时，拔下真空管时油压应上升至 0.3 MPa，否则应更换油压调节器。

问题五：

汽车燃油供给系统运行时间一长后，其管路中便会充斥着因燃油氧化形成的积炭、胶质等，受天气等因素影响，水分会难以避免地进入油箱、油路中。过多的_____等会使燃油滤清器受到损坏及喷油嘴堵塞，而_____则使燃油泵过早磨损、油路中金属部件腐蚀。

问题六：

通常燃油滤清器的更换周期为_____。燃油滤清器常出现松动和四周渗漏现象，所以驾驶员应经常紧固检查以免对汽车行驶造成不便。

六、课后思考

一辆轿车出现了无法起动的现象，起动系统正常工作，但供油系统不工作，经过检查发现供油系统线路均正常，但控制供油系统没有电压信号，维修工甲认为是发动机 ECU 出现了故障，维修工乙认为发动机 ECU 没有出现故障，因为根据诊断仪读取故障码，显示系统正常，由此判断故障存在的问题应该在哪里？

任务三 发动机无法起动——点火系统故障诊断与排除

工作情景描述

一位车主车辆行驶了 8 万 km，车辆在起动时起动机工作，但车辆起动困难，经常出现不能起动的现象，通过调阅故障码，系统显示正常，在这种情况下，应该如何分析故障原因？

学习目标

通过本任务学习，应能：
1. 掌握发动机点火系统基本的结构和工作原理；
2. 熟悉发动机点火系统电路图；
3. 分析发动机点火系统故障并进行排除。

一、资讯

（一）发动机电控系统的作用和结构

发动机电控系统，又称发动机管理系统 EMS（Engine Management System）、发动机集中控制系统，就是将多项目控制集中在一个动力控制模块 PCM（Power Control Module）或发动机控制单元 ECU（Engine Control Unit）上完成，共用传感器。其主要由传感器、PCM 和执行器组成。

如图 3-3-1 所示，传感器检测发动机运行参数，并转换成电信号输送至控制单元。ECU 电子控制单元给各传感器提供参考电压，接收传感器的输入信号，分析计算后产生输出信号送至执行器。执行器接收控制单元的输出信号，产生执行动作，实现各种控制。

图 3-3-1 发动机电控单元工作原理示意图

（二）点火控制线路

在汽油发动机中，气缸内的混合气是由高压电火花点燃的，而产生电火花的功能是由点火系统来完成的；点火系统将电源的低电压变成高电压，再按照发动机点火顺序轮流送至各气缸，点燃压缩混合气；并能适应发动机工况和使用条件的变化。汽车点火系统的发展经过了传统点火系统、电子点火系统和电控点火系统三个阶段，目前除一些老旧车型还在使用电子点火系统外，所有的出厂车辆均使用电控点火系统，如图 3-3-2 所示，目前点火系统基本都采用独立点火线圈的形式，点火线圈的 4 个引脚与发动机 ECU 控制系统直接相连，控制点火。

图 3-3-2 发动机独立点火线圈示意图

（三）跳火实验

旋下火花塞，将其放在气缸盖上，用中央高压线对准火花塞接线螺栓做跳火试验，若火花塞电极间产生"叭叭"作响的蓝色火花，表明该火花塞工况良好；若火花塞电极间无火花，而其他部位性能正常，则表明该火花塞工况不良，应予以更换。

跳火实验

（四）点火控制原理

点火系统的基本功用是根据转速传感器提供的发动机转速信号，凸轮轴位置传感器提供的 1 缸上止点信号，油门踏板置位传感器提供的油门踏板位置信号，空气流量计提供的进气量，判定发动机工况；根据水温传感器提供的冷却液温度，进气温度传感器提供的进气温度等，进行修正，适时、准确、可靠地在气缸内产生电火花，点燃燃油混合气，完成发动机做功。

现代车辆中普遍采用独立点火的控制方式，在迈腾点火系统中，每缸独立的点火系统由电源、传感器、发动机ECU、点火线圈、点火开关和火花塞组成。如图3-3-3所示，发动机工作时，发动机控制单元J623根据接收到的各传感器信号，按存储器中存储的有关程序和数据，确定出最佳点火提前角和通电时间，并以此分别向相应的每一缸点火线圈（N70，N127，N291，N292）发出信号。点火线圈根据信号指令，控制点火线圈初级电路的导通和截止。当电路导通时，有电流从点火线圈中的初级电路通过，点火线圈将点火能量以磁场的形式储存起来。当初级电路被切断时，次级线圈中产生很高的感应电动势（15～20 kV），直接送至该工作气缸的火花塞（PQ）。火花塞跳火，点燃气缸内的混合气，使发动机做功。

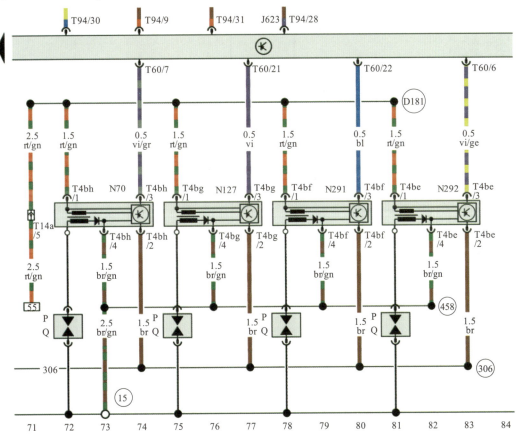

图 3-3-3　迈腾 B7L 发动机点火控制原理示意图

J623—发动机控制单元，排水槽中部；N70—带功率输出级的点火线圈 1；N127—带功率输出级的点火线圈 2；
N291—带功率输出级的点火线圈 3；N292—带功率输出级的点火线圈 4；P—火花塞插头；Q—火花塞

如图3-3-4所示，为别克君威发动机点火控制原理示意图，该点火系统有两种运行模式：旁路模式和点火控制（IC）模式。在旁路模式中，点火系统独立于发动机控制模块运行，在该模式中点火提前角总是上止点前10°。点火系统不受发动机控制模块控制，当发动机起动时，发动机控制模块就切换到点火控制模式，切换到点火控制模式后，将始终保持此模式。在点火控制模式中，点火正时和点火闭合时间完全由发动机控制模块控制，发动机控制模块是通过发动机转速（24X 和 3X 参考）、曲轴位置（24X 参考、3X 参考和凸轮轴位置输入信号）、发动机冷却液温度（发动机冷却液温度传感器）、节气门位置（节气门位置传感器）、爆震信号（爆震传感器）、驻车/空挡位置（PRNDL 输入）、车速（车速传感器）和点火系统供电电压等输入信息计算点火控制、点火提前角和点火闭合角。当发动机运转时，如果检测出发动机控制模块或点火控制故障，点火系统将切换到旁路模式。即停止发动机运转，再次起动发动机时将以旁路模式起动运转，性能将明显下降。

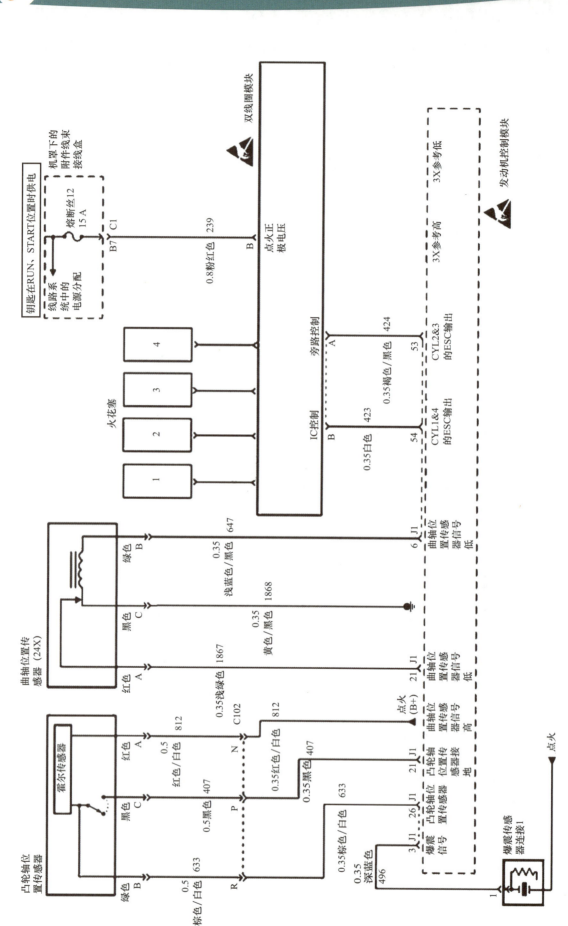

图 3-3-4 别克君威发动机点火控制原理示意图

二、决策与计划

（一）线路分析

1. 电源线路

如图 3-3-5 所示，蓄电池正极为 30 号线供电，电流从 500 正极接线柱流出，到 J220 的 62 引脚和 J271 的 86a 引脚，J220 的 21 引脚控制 J271 的 85 引脚接地，J271 工作，电流从 J271 的 30 引脚流入，87 引脚流出，经红/灰 2.5 导线，到点火线圈。

汽车点火系统电路分析

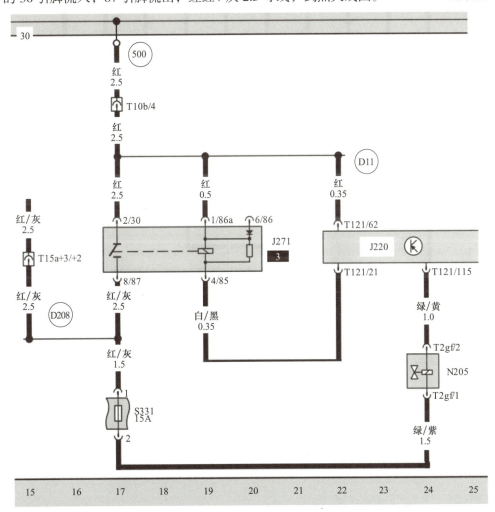

图 3-3-5　帕萨特 1.8T 领驭点火系统电源系统电路图

J220—Motronic 发动机控制单元，在排水槽左侧防护罩内；J271—Motronic 供电继电器，在排水槽左侧发动机控制单元防护罩内附加继电器板上 3 号位（429 继电器）；N205—凸轮轴调节阀，在发动机后部上方；S331—凸轮轴调节阀熔断丝，15 A

2. 开关线路与用电器线路

如图 3-3-6 所示，电流通过红/灰 2.5 导线，经熔断丝 S229 为 N70、N127、N291、N292 四个点火线圈供电，发动机控制单元 J220 的 102、95、103、94 四个引脚分别控制点火线圈的接通，在对应时刻产生高压电供给火花塞，实现点火。

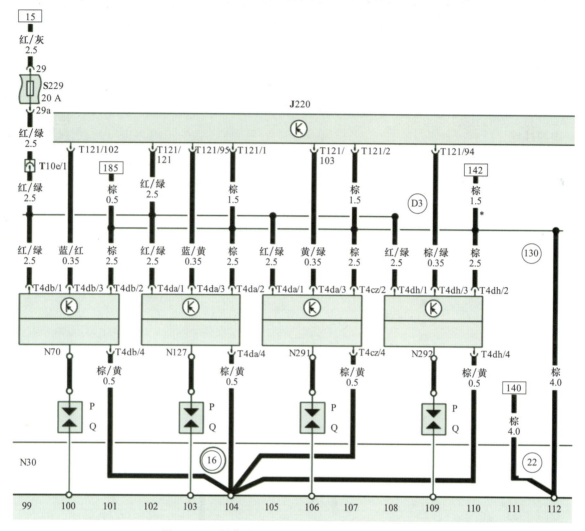

图 3-3-6　帕萨特 1.8T 领驭点火系统用电器电路图

J220—Motronic 发动机控制单元，在排水槽左侧防护罩内；N70—带功率输出级的点火线圈 1；N127—带功率输出级的点火线圈 2；N291—带功率输出级的点火线圈 3；N292—带功率输出级的点火线圈 4；P—火花塞插头，Q—火花塞

（二）线路简图

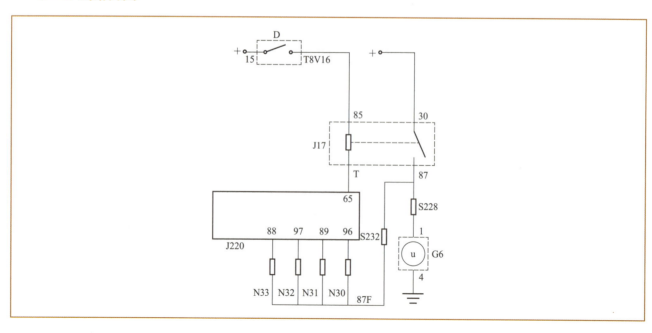

（三）故障分析

故障分析树	排故流程计划

三、实施与检查

（一）根据决策和计划环节分析进行对应的实施，检测的电阻、电压等数值记录在下表中

（二）常见故障

1. 点火系统不工作

打开点火开关，起动发动机，发动机无反应；高压试火，高压线无火花。故障分析与诊断，一般是熔断丝熔断，或主控制线路断路。

2. 点火时间过早

怠速运转不平稳，易熄火；加速时，发动机有严重的爆燃声。该故障主要是点火正时调整失准或点火角度装配失准所致。连好点火测试仪，调整点火提前角到规定值。

3. 点火过迟

消声器声响沉重，急加速化油器回火，发动机冷却液温度较高，汽车行驶无力，主要原因是点火角度不正确，调整点火角度至规定值。

4. 火花塞故障

火花塞积炭、油污和过热等现象；火花塞积炭：绝缘体端部、电极及火花塞壳常覆盖着一层相当厚的黑灰色粉状柔软的积垢；火花塞油污：故障现象为绝缘体端部、电极及火花塞壳覆盖一层机油；火花塞过热：中心电极熔化，绝缘体顶部疏松、松软，绝缘体端大部分呈灰白色硬皮。

四、评价

根据本任务内容，评价遇到的问题与注意事项。

五、练习题

问题一：

旋下火花塞，将其放在气缸盖上，用中央高压线对准火花塞接线螺栓做_____试验，若火花塞电极间产生"叭叭"作响的蓝色火花，表明该火花塞工况良好；若火花塞电极间无火花，而其他部位性能正常，则表明该火花塞工况不良，应予以更换。

问题二：

点火系统的基本功用是根据转速传感器提供的发动机_____信号，凸轮轴位置传感器提供的 1 缸上止点信号，油门踏板位置传感器提供的油门踏板位置信号，空气流量计提供的进气量，判定发动机工况；根据水温传感器提供的冷却液温度，进气温度传感器提供的进气温度等，进行修正，适时、准确、可靠地在气缸内产生电火花，点燃燃油混合气，完成发动机做功。

问题三：

如图 3-3-5 所示，蓄电池正极为 30 号线供电，电流从 500 正极接线柱流出，到 J220 的_____引脚和 J271 的_____引脚，J220 的_____引脚控制 J271 的_____引脚接地，J271 工作，电流从 J271 的 30 引脚流入，87 引脚流出，经红 / 灰 2.5 导线，到点火线圈。

问题四：

怠速运转不平稳，易熄火；加速时，发动机有严重的爆燃声。该故障主要原因是_____。

问题五：

消声器声响沉重，急加速化油器回火，发动机冷却液温度较高，汽车行驶无力，该故障主要原因是_____。

六、课后思考

车辆出现起动困难，有经验的维修工往往先拆下火花塞，检查下火花塞是否出现湿润的现象，这是为什么？

任务四　发动机无法起动——ECU 系统故障诊断与排除

工作情景描述

一位车主车辆行驶了 8 万 km，车辆在起动时能听到"哒哒"轻轻撞击的声音，但起动机没有其他工作的声音，请据此判断故障原因。

学习目标

通过本任务学习，应能：
1. 掌握发动机 ECU 基本结构和工作原理；
2. 熟悉发动机 ECU 电源系统电路图；
3. 分析发动机 ECU 系统故障并进行排除。

一、资讯

（一）ECU 的组成和作用

ECU 原来指的是 Engine Control Unit，即发动机控制单元，特指电喷发动机的电子控制系统。主要给各传感器提供参考电压，接收传感器的输入信号，分析计算后产生输出信号送至执行器。由输入回路、A/D 转换器、微处理器和输出回路四部分组成，如图 3-4-1 所示。随着汽车电子的迅速发展，ECU 的定义也发生了巨大变化，变成了 Electronic Control Unit，即电子控制单元，泛指汽车上所有电子控制系统，可以是转向 ECU，也可以是调速 ECU、空调 ECU 等，而原来的发动机 ECU 被很多公司称为 EMS（Engine Management System）。随着汽车电子自动化程度的提高，汽车零部件中出现了越来越多的 ECU 参与其中，线路之间复杂程度也急剧增加。

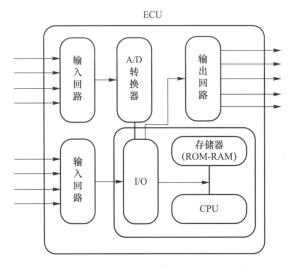

图 3-4-1　发动机 ECU 基本控制原理示意图

如图 3-4-2 所示，ECU 一般由 CPU、扩展内存、扩展 I/O 口、CAN/LIN 总线收发控制器、A/D 和 D/A 转换口（有时集成在 CPU 中）、PWM 脉宽调制、PID 控制、电压控制、看门狗、散热片，以及其他一些电子元器件组成，特定功能的 ECU 还带有诸如红外线收发器、传感器、DSP 数字信号处理器、脉冲发生器、脉冲分配器、电机驱动单元、放大单元、强弱电隔离等元器件。整块电路板设计安装于一个铝质盒内，通过卡扣或者螺钉方便安装于车身钣金上。ECU 一般采用通用且功能集成、开发容易的 CPU；软件一般用 C 语言来编写，并且提供了丰富的驱动程序库和函数库。

汽车电子控制系统，包括硬件和软件两部分。硬件有电子控制单元（Electronic Control Unit）及其接口、传感器、执行机构、显示机构等；软件存储在 ECU 中支配电子控制系统完成实时测控功能。汽车上的大部分电子控制系统中，ECU 电路结构大同小异，其控制功能的变化主要依赖于软件及输入、输出模块的功能变化，随控制系统所要完成的任务不同而不同，而 ECU 的基本结构体系包括输入回路、A/D 转换器、微处理器、输出回路。

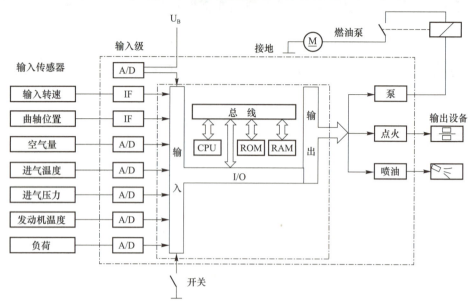

图 3-4-2 发动机电控单元组成结构示意图

1. 输入回路

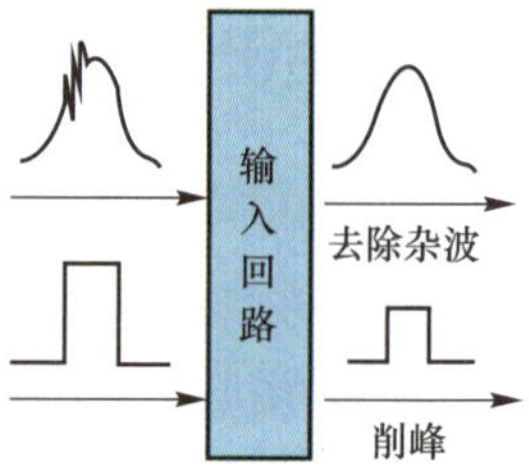

主要作用：去除杂波、削峰，如图 3-4-3 所示。在输入处理电路中，ECU 的输入信号主要有三种形式，即模拟信号、数字信号（包括开关信号）、脉冲信号。对超过电源电压、电压在正负之间变化、带有较高的振荡或噪声、带有波动电压等输入信号，输入回路也对其进行转换处理。

2. A/D 转换器

主要作用：将模拟信号转换为数字信号，如图 3-4-4 所示。模拟信号通过 A/D 转换器转换为数字信号提供给微处理器。控制系统要求模数信号转换具有较高的分辨率和精度（> 10 位）。为了保证测控系统的实时性，采样间隔一般要求小于 4 ms。数字信号需要通过电平转换，得到计算机接收的信号。

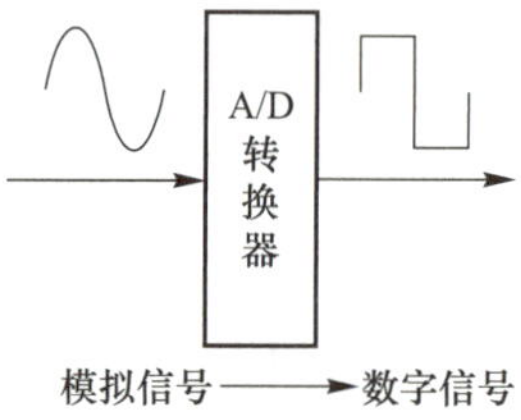

图 3-4-3 输入回路作用示意图

3. 微处理器

主要负责汽车行驶状态信号的输入处理，计算并控制所需的输出值，按要求适时地向执行机构发送控制信号。其主要由中央处理器（CPU）构成，作为控制核心有 8 位、16 位、32 位；只读存储器（ROM），存储控制程序，关断电源信息不消失；随机存储器（RAM），随机存储，存储传感器数据、故障码、学习值等，可更新，关断电源后信息消失；输入/输出（I/O）接口，微机与外界进行信息交换的枢纽；总线，CPU、存储器与 I/O 接口相连。

图 3-4-4 A/D 转换器作用示意图

4. 输出回路

ECU 输出的低电压信号放大，转换为可以驱动执行器工作的控制信号。在输出电路中，微处理器输出的信号往往用作控制电磁阀、指示灯、步进电动机等执行件。微处理器输出信号功率小，使用 +5 V 的电压，汽车上执行机构的电源大多数是蓄电池，需要将微处理器的控制信号通过输出处理电路处理后再驱动执行机构。

（二）ECU 电源电路

电源电路中，传统车的 ECU 一般带有电池和内置电源电路，以保证微处理器及其接口电路工作在 +5 V 的电压下。即使在发动机起动工况等使汽车蓄电池电压有较大波动时，也能提供 +5 V 的稳定电压，从而保证系统的正常工作，而电动汽车一般由蓄电池供电。ECM 电源电路是指为了保证 ECM 的正常工作，而对其提供的电源电压。现代轿车都采用电子控制燃油喷射系统。ECM 是整个控制系统的核心，发动机的点火及喷油都受其控制，ECM 不能正常工作将导致车辆无点火、无喷油，从而不能起动。

1. ECU 外部电源电路

ECU 外部电源电路为微处理器和传感器提供工作电压。常火线：若断开，ECU 存储的故障码、怠速学习参数、燃油修正参数等信息丢失。点火开关控制火线：若接通，ECU 产生控制功能；点火开关控制主继电器的 ECU 外部电源电路；ECU 控制主继电器的外部电源电路。

2. ECU 内部电源电路

如图 3-4-5 所示，将外部电源电压 12～14 V 转变为恒定的 5 V 电压，为微处理器和传感器提供电源电压。

如图 3-4-6 所示，是丰田发动机 ECU 电源电路示意图，在正常情况下，蓄电池经 FL MAIN 熔断丝、P/I 熔断丝、EFI MAIN 熔断丝，与 ECU 引脚 BATT 连接，为 ECU 常供电。当点火开关 E4 接通时，电流经 FL MAIN 熔断丝，流经点火开关 E4，从 IG2 NO.2 熔断丝和 IG2 继电器接地，IG2 继电器工作，此时电流从正极出发，经 FL MAIN、P/I、IG2、IGN 熔断丝，与发动机 ECU 的 IGSW 引脚接通供电，当 IGSW 引脚接通供电时，MREL 引脚输出电流，EFI MAIN 继电器工作，电流从正极经 FL MAIN、P/I、EFI MAIN、EFI NO.1 熔断丝与 +B 和 +B2 引脚连接供电。

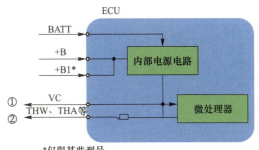

*仅限某些型号
①从 5 V 恒定电压电路输出 5 V 电压。
②从 5 V 恒定电压电路经过电阻器输出 5 V 电压。

图 3-4-5　ECU 电源电路示意图

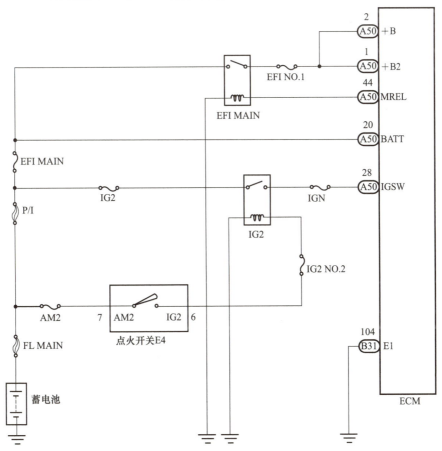

图 3-4-6　丰田发动机 ECU 电源电路示意图

3. ECU 搭铁线路

ECU 有多条搭铁电路，一般情况有三个主要的搭铁线，分别是发动机 ECU 的搭铁端子，通常接在发动机进气室附近；传感器搭铁电路，与 ECU 内部电路中的 E1 端子相连，通过外部搭铁使传感器搭铁电位与发动机 ECU 搭铁电位有相同值，以防止传感器探测电压值产生误差；用于驱动器工作的搭铁电路，执行器搭铁端子，用于喷油器、怠速控制阀和空燃比传感器加热器等执行器的搭铁。通常都连接在发动机进气室上。

如图 3-4-7 所示，ECU 搭铁电路：E1；传感器搭铁电路：E2；执行器搭铁电路：E01、E02。当 ECU 搭铁电路 E1 出现故障时，ECU 不工作，传感器无电压；传感器搭铁电路 E2 出现故障时，传感器信号错误；执行器搭铁电路 E01、E02 出现故障时，执行器不工作。

针对搭铁点的故障检查主要是检修线路的断路和虚接情况。

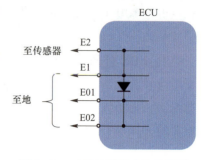

图 3-4-7　ECU 搭铁电路示意图

（二）发动机 ECU 的更换

更换发动机 ECU 之前，首先要对车辆的年款、厂家、型号、发动机排量、发动机 ECU 上的 OEM 零件号进行识别，检查所有的传感器工作是否正常，蓄电池的电压是否正常，搭铁是否良好，拆卸旧发动机 ECU 和安装新发动机 ECU 之前，都应断开蓄电池。装好发动机 ECU 并重新连接好线束后，再重新接上蓄电池。更换发动机 ECU 后，大多数车型必须将 ECU 与发动机进行匹配。许多发动机 ECU 在安装后，或断开电源后，必须经过"再学习"过程。蓄电池断开后，一些车型要经过特定程序才能建立基本怠速，其他车型只需经过短时期的驾驶让 ECU 自我调节，根据维修手册的具体要求进行匹配。

二、决策与计划

（一）线路分析

1. 电源线路

帕萨特 1.8T 发动机 ECU 主要有两部分供电系统，一个是由蓄电池直接连接 ECU 供电，参见图 3-3-5，蓄电池正极为 30 号线供电，电流从 500 正极接线柱流出，到 J220 的 62 引脚为发动机控制单元直接供电；另一个是经过点火开关供电，如图 3-4-8 所示，电流从点火开关 D 的 T8v/6 引脚流出，经由黑 1.0 导线，通过 S17 熔断丝与控制单元 J220 的 3 引脚连接供电。

大众车系电源系统电路分析

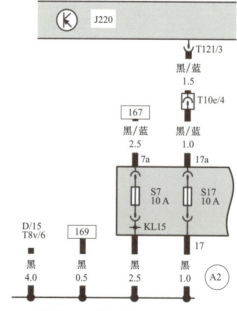

图 3-4-8　帕萨特 1.8T 领驭点火开关控制的 ECU 供电系统

2. 搭铁线路

如图 3-4-9 所示，接地线路主要有两条，一条是通过黑 0.35 导线与 J220 的 32 引脚连接的接地线，另一条是通过黑 0.35 导线与 J220 的 108 引脚连接的接地线。

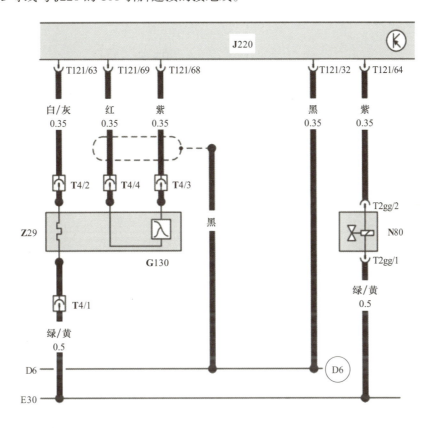

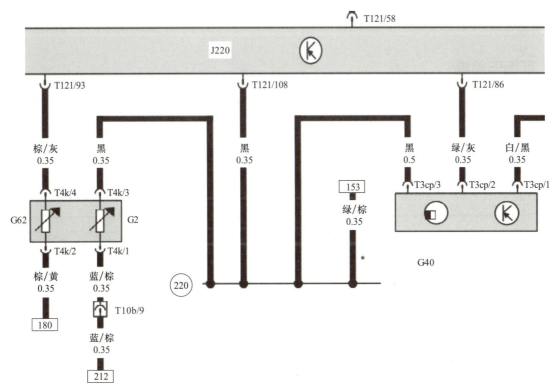

图 3-4-9　帕萨特 1.8T 领驭发动机 ECU 的接地电路图

D6—接地连接线，在发动机线束内；220—接地连接线（传感器接地），在发动机线束内

（二）ECU 电源线路简图

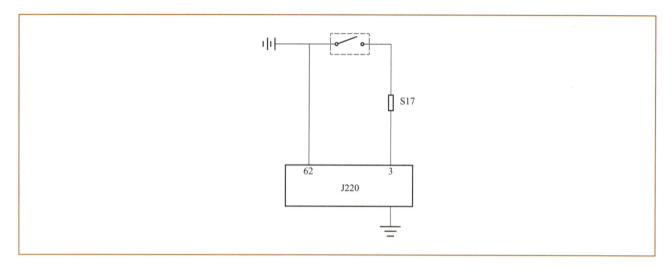

（三）故障分析

故障分析树	排故流程计划

三、实施与检查

（一）根据决策和计划环节分析进行对应的实施，检测的电阻、电压等数值记录在下表中

（二）常见故障

ECU 如果出现了故障，由于 ECU 的特殊性是不可修复，故需要直接更换。

1. ECU 受潮、进水

必须在最短的时间内拆下，擦干净表面浮水，用塑料口袋封闭，用真空机将内部的水分抽干净。不要将 ECU 放入低温烤箱内烘烤，也不要用热风机烘烤 ECU，那样会使水分进入 ECU 电路板内部，造成永久性损坏。

ECU 进水后不得继续行驶或重新启动，继续行驶或重新启动可能使进水的 ECU 内部短路。

2. ECU 上喷油器接地线不实（接触不良）导致发动机转速丢转（丢失转速）

ECU 上喷油器接地线不实，导致喷油器接地电阻增大，流经喷油器电磁线圈的电流明显减小，从而使喷油器开阀时间（在触发脉冲加到电磁线圈后，从脉冲开始到针阀形成最大升程状态的时间）延长，数据流上显示的喷油脉宽没有改变，但喷油器的实际喷油量小于正常值，导致混合气偏稀，虽经氧传感器调节，仍无法满足工作需要，于是汽车在中速行驶中有时会出现发动机转速丢转，并会留下与混合气浓度和燃油修正控制有关的故障码。

四、评价

根据本任务内容，评价遇到的问题与注意事项。

五、练习题

问题一：

ECU 原来指的是 Engine Control Unit，即发动机控制单元，特指电喷发动机的电子控制系统。主要给各传感器提供参考电压，接收传感器的输入信号，分析计算后产生输出信号送至执行器。由＿＿＿＿＿＿、＿＿＿＿＿＿、＿＿＿＿＿＿和＿＿＿＿＿＿四部分组成。

问题二：

如图 3-3-5 所示，帕萨特 1.8T 发动机 ECU 主要有两部分供电系统，一个是由蓄电池直接连接 ECU 供电，蓄电池正极为 30 号线供电，电流从＿＿＿＿＿＿正极接线柱流出，到 J220 的＿＿＿＿＿＿引脚为发动机控制单元直接供电；另一个是经过点火开关供电，如图 3-4-8 所示，电流从点火开关 D 的 T8v/6 引脚流出，经由黑 1.0 导线，通过 S17 熔断丝与控制单元 J220 的 3 引脚连接供电。

六、课后思考

一辆轿车出现了发动机无法起动，打到 ON 挡位，散热风扇常转的现象，使用解码器显示无法连接电脑系统，试分析出现这种故障现象的原因是什么。

单元测试页  发动机系统综合故障诊断与排除

第一步：资讯环节	教师评价记录
1. 故障现象描述	
2. 电路工作原理简图	
第二步：决策与计划环节	
1. 小组人员分工	
2. 故障分析树	
3. 确定故障范围	

第三步：实施与检查环节	
1. 实施流程	
2. 确认故障位置及原因	
3. 排除故障进行恢复检查及整理	
□正常　　□异常（情况说明　　　　　　　　　）	
第四步：评价总结	
成绩总评	

项目四
发动机怠速不良故障诊断与排除

项目描述

本项目内容是针对项目三内容的延伸,很多怠速不良的故障最后也往往能导致发动机不能起动,尤其是点火供油系统。在实际维修中,怠速不良故障发生率相对频繁,车辆达到一定年限后往往比较容易出现该故障。本项目主要通过一个任务,介绍常见的怠速不良故障现象和处理方法。

项目内容

任务　发动机怠速不良故障诊断与排除。

项目目标

能进行发动机怠速不良故障的诊断和排除;
能够分析发动机怠速系统控制电路;
能够进行节气门的清洗与匹配工作;
能够进行火花塞、喷油器的清洗;
能够进行燃油压力检测。

任 务　发动机怠速不良故障诊断与排除

工作情景描述

车辆信息：帕萨特领驭 2008 款 1.8T 自动挡。

行驶里程：3 万 km。

车主到 4S 店反映，车辆在怠速时感觉有一点抖动，在行驶过程中发动机噪声变大，提速慢并有一定的抖动情况，据此分析车辆可能存在的故障原因。

学习目标

通过本任务学习，应能：
1. 进行发动机怠速不良故障的诊断和排除；
2. 分析发动机怠速系统控制电路；
3. 进行节气门的清洗与匹配工作；
4. 进行火花塞、喷油器的清洗；
5. 进行燃油压力检测。

一、资讯

怠速是指发动机在无负荷（对外无功率输出）情况下的稳定运转状态。怠速不稳是发动机维修中遇到最多的故障。

（一）怠速不稳的判定

观察发动机缸体抖动程度，也可以观看机油尺把晃动的程度，平稳的油尺把很清晰，抖动的油尺把看起来是双的；从发动机转速表或读数据块观察，转速以怠速期望值为中心抖动，或在期望值一侧剧烈抖动，程序中的怠速期望值包括标准怠速值、负荷（打开灯光，自动变速器挂上挡等）怠速值、空调怠速值、暖车怠速值；原地起动发动机，坐在座椅上感觉车身剧烈抖动。

（二）怠速不稳的分类

1. 按出现规律分类

冷车（冷却液温度低于 50 ℃）有节奏的不稳；热车（冷却液温度高于 50 ℃）有节奏的不稳；无规律的剧烈抖动一两下。

2. 按抖动程度分类

正常，以怠速期望值 ±10 r/min 抖动；一般不稳，以怠速期望值 ±20 r/min 抖动；严重不稳，超过怠速期望值 ±20 r/min 抖动；在怠速期望值的一侧剧烈抖动。

3. 按原因关联分类

直接原因，指机械零件脏污、磨损、安装不正确等，导致个别气缸功率的变化，从而造成各气缸功率不平衡，致使发动机出现怠速不稳；间接原因，指发动机电控系统不正常，导致混合气燃烧不良，造成各气缸功率难以平衡，使发动机出现怠速不稳。

4. 按故障系统分类

进气系统；燃油系统；点火系统；发动机机械系统。

（三）怠速不稳的原因

气缸内气体作用力的变化（一个气缸气体作用力变化或几个气缸气体作用力变化），引起各气缸功率不平衡，导致各活塞在做功行程时的水平方向分力不一致，出现对发动机横向摇倒的力矩不平衡，从而产生发动机抖动。也可以说，凡是引起发动机气缸内气体作用力变化的故障都有可能导致发动机怠速抖动。

1. 进气系统

1）进气歧管或各种阀泄漏

当不该进入的空气、汽油蒸气、燃烧废气进入进气歧管时，造成混合气过浓或过稀，使发动机燃烧不正常。当漏气位置只影响个别气缸时，发动机会出现较剧烈的抖动，对冷车怠速影响更大。常见原因：进气总管卡子松动或胶管破裂；进气歧管衬垫漏气；进气歧管破损或其他机件将进气歧管磨出孔洞；喷油器O形密封圈漏气；真空管插头脱落、破裂；曲轴箱强制通风（PCV）阀开度大；活性炭罐阀常开；废气再循环（EGR）阀关闭不严等。

2）节气门和进气道积垢过多

节气门和周围进气道的积炭、污垢过多，空气通道截面积发生变化，使得控制单元无法精确控制怠速进气量，造成混合气过浓或过稀，使燃烧不正常。常见原因：节气门有油污或积炭；节气门周围的进气道有油污、积炭；怠速步进电动机、占空比电磁阀、旋转电磁阀有油污、积炭。

3）怠速空气执行元件故障

怠速空气执行元件故障导致怠速空气控制不准确。常见原因：节气门电动机损坏或发卡；怠速步进电动机、占空比电磁阀、旋转电磁阀损坏或发卡。

4）进气量失准

控制单元接收错误信号而发出错误的指令，引起发动机怠速进气量控制失准，使发动机燃烧不正常，属于怠速不稳的间接原因。常见原因：空气流量计或其线路故障；进气压力传感器或其线路故障；发动机控制单元插头因进水接触不良或电脑内部故障。

2. 燃油供给系统

1）喷油器故障

喷油器常见的故障：喷油器线圈损坏；喷油器卡滞；喷油器堵塞；喷油器密封不良，等等。喷油器故障会导致各气缸喷油量不均匀、雾化不良，造成各气缸输出功率不均，引起发动机抖动。

2）燃油压力故障

汽油滤清器脏堵、电动燃油泵磨损、燃油压力调节器弹簧弹力不足都会造成供油压力不足。而计算机是把喷油的绝对压力作为一个恒定值，靠改变开启喷油器的脉冲宽度来控制喷油量。如果喷油压力低于正常值，就会导致喷油量变小，使混合气变稀。

3）喷油量失准

各传感器或线路故障，导致控制单元发出错误指令，使喷油量不正确，造成混合气过浓或过稀，属于怠速不稳的间接原因。

具体原因：空气流量计（或进气歧管压力传感器）故障；节气门位置传感器故障；节气门怠速开关故障；冷却液温度传感器故障；进气温度传感器故障；氧传感器失效；以上传感器的线路有断路、短路、接地故障；发动机控制单元插头因进水接触不良或电脑内部故障。

3. 点火系统

1）点火模块与点火线圈

近些年各车型多将点火模块与点火线圈制成一体，点火模块或点火线圈有故障主要表现为高压火花弱或火花塞不点火。

常见原因：点火触发信号缺失；点火模块有故障；点火模块供电或接地线的连接松动、接触不良；初级线圈或次级线圈有故障等。

2）火花塞与高压线

火花塞、高压线故障导致火花能量下降或失火。

常见原因：火花塞间隙不正确；火花塞电极烧蚀或损坏；火花塞电极有积炭；火花塞磁绝缘体有裂纹；高压线电阻过大；高压线绝缘外皮或插头漏电；分火头电极烧蚀或绝缘不良。

3）点火提前角失准

传感器及线路故障属于引起怠速不稳的间接原因，控制单元发出错误指令，使点火提前角不正确，或造成点火提前角大范围波动。

常见原因：空气流量计或进气压力信号故障；霍尔传感器故障；冷却液温度传感器故障；进气温度传感器故障；爆震传感器故障；以上传感器的线路有断路、短路、接地故障；发动机控制单元因进水引起插头接触不良或内部电路损坏。

4）其他原因

三元净化催化器堵塞引起怠速不稳，在高速行驶时最易发现。自动变速器、空调、转向助力器有故障会增加怠速负荷，引起怠速不稳。发动机控制单元与空调、自动变速器控制单元之间的怠速提升信号中断，在安装CAN-BUS的车辆存在总线系统故障。随着新技术、新结构的增加，引起怠速不稳的因素会更多，维修人员必须全面考虑问题。

4. 机械结构

1）配气机构

配气机构故障导致个别气缸的功率下降过多，从而使各气缸功率不平衡。正时皮带安装位置错误，使各缸气门的开闭时间发生变化，导致配气相位失准，各气缸燃烧不正常。气门工作面与气门座圈积炭过多，气门密封不严，使各气缸压缩压力不一致。凸轮轴的凸轮磨损，各缸凸轮的磨损不一致导致各气缸进入空气量不一致。气门相关件有故障，如气门推杆磨损或弯曲，摇臂磨损，气门卡住或漏气，气门弹簧折断等。

气门弹簧折断而出现间断性怠速抖动，使用各种仪器检测都不能确定原因，拆卸气门弹簧后才发现故障原因。另外，装有液压挺杆的发动机，在通往气缸盖的机油道上安装一个泄压阀，当压力高于300 kPa时，打开该阀。如果该阀堵塞，由于压力过高会使液压挺杆伸长过多，导致气门关闭不严。进气门背部存在大量积炭，使冷车时吸附刚喷入的燃油，而不能进入气缸，由于混合气过稀导致冷车快怠速不稳。

2）发动机体、活塞连杆机构

气缸衬垫烧蚀或损坏，造成单缸漏气或两缸之间漏气；活塞环端隙过大、对口或断裂，活塞环失去弹性；活塞环槽内积炭过多；活塞与气缸磨损，气缸圆度、圆柱度超差；因气缸进水后导致的连杆弯曲，改变压缩比；燃烧室积炭会改变压缩比，积炭严重导致怠速不稳。

3）其他原因

曲轴、飞轮、曲轴皮带轮等转动部件动平衡不合格，发动机支脚垫断裂损坏，发动机底护板因变形与油底壳相撞击等，这些原因只会造成发动机振动而不影响转速。

（四）气缸压力检测

发动机机械结构导致的怠速不稳，可以采用检查气缸压力的方法判定。检测气缸压力时，将气缸压力表安装到发动机上，然后接通起动开关，搭起动机供发动机运转（但不工作），等压力表指针达到最大稳定值后，读取压缩压力值。按下逆止阀按钮，进行排气降压。每缸测2次，取其平均值为宜。

气缸压力检测

应使发动机达到正常工作温度后熄火；拆除汽油机各缸火花塞；将节气门和阻风门置于全开位置；将手持式气缸压力表锥形橡皮头紧压在火花塞孔上。注意，柴油机千万不要用手持式气缸压力表，将其旋入喷油器的螺纹孔内；用起动机带动发动机运转3～5 s，转速在正常范围（150 r/min左右）；记录下气缸压力表的读数，重复2～3次，取其平均值。若不用起动机带动发动机，也可用手摇柄摇转发动机1～2圈；若测得的各缸压力都很低，则应往气缸内流入20～30 mL发动机润滑油。然后摇转发动机数转，再依上法测量各缸压力。

判断计算各缸的压力差,根据对应的车辆气缸压力的技术标准进行判定。计算各缸两次测量的平均值;再计算 4 个气缸的平均压力;计算各缸的压力差是否超过平均值的 5%。如果有气缸小于平均值,应检查。

测量气缸压力是一种既简单又科学的诊断发动机故障的方法;正确地使用测量气缸压力的方法,便能准确迅速地诊断出发动机的某些常见故障,维修人员应该掌握。

(五)火花塞的清洗

火花塞上有积炭、积油等时,可用汽油或煤油、丙酮溶剂浸泡,待积炭软化后,用非金属刷刷净电极上和瓷芯与壳体空腔内的积炭,用压缩空气吹干,切不可用刀刮、砂纸打磨或蘸汽油烧,以防损坏电极和瓷质绝缘体。清洗准备工具:火嘴套桶、化油器清洗液、刷子(毛刷)、风枪。

发动机熄火,使用风枪吹净发动机的灰尘,以免灰尘掉入气缸,使用火花塞拆卸套筒,拆卸下火花塞;检查火花塞的工作状况,对有烧蚀、裂痕的火花塞予以直接更换;将化油器清洗液喷进瓶子,注意角度,防止泼溅,浸没火花塞,浸泡 3～5 min;取出火花塞,使用化油器清洗液清洗,并用刷子刷掉积炭;使用风枪吹干或晾干火花塞;重新装上火花塞到发动机上;点火试车查看工作状况,对于工作状态不佳的火花塞应直接进行更换。

火花塞清洗后使用寿命取决于火花塞的工作状况,大部分车辆是每间隔 3 万 km 左右更换一次火花塞(部分 6 万～8 万 km),长时间的工作火花塞的电极会有消耗,间隙变宽。火花塞清洗后可继续使用,弹药依据火花塞间隙,以及视火花塞的工作状况决定。

(六)节气门的清洗与匹配

由于路况,空滤质量,使用机油的品牌、质量,空气温度状况,发动机工作温度,驾驶习惯等多方面因素造成没有被空气滤清器过滤掉的灰尘遇到油气形成油泥,黏结在节气门的周边,形成积炭,如图 4-1-1 所示,影响节气门开度,造成怠速不稳,需要进行节气门的清洗。

节气门体清洁和匹配

图 4-1-1 节气门积炭示意图

首先进行节气门的拆卸,利用相应工具将节气门从进气歧管上拆卸下来,注意不要损坏节气门线束,使用化油器清洗剂与抹布,一边用化油器清洗剂喷射在节气门有积炭的地方,一边用抹布擦掉积炭,清理干净。完成清洁后将节气门体装回进气歧管上,插好线束。

在完成节气门的拆卸清洗后,一般要进行节气门的匹配,使节气门和发动机重新建立连接,如果不进行节气门的匹配工作,车辆会出现怠速不稳、加速不正常的现象。在进行节气门匹配时,确保发动机 ECU 中无故障代码;发动机冷却液温度不得低于 80 ℃;所有的用电器设备都已经关闭(散热器风扇在检测时必须关闭);换挡杆在空挡或 N 挡位置。打开整车继电器盖板,连接诊断仪,选择"基本设置"选项,进行节气门匹配。不同的车系匹配方式略有不同,部分车型不必进行匹配工作,车辆电脑会根据运行自行建立匹配连接。

(七)喷油器的检测与清洗

如果燃油中杂质含量较高,或者喷油器喷嘴被长期形成的胶质物堵塞,就会影响喷油器的正常工作,导致发动机怠速不稳、起动困难、动力不足甚至熄火等多种故障。此时要对喷油器进行检查和清洗工作,检测与清洗的主要设备如图 4-1-2 所示,试验台上检测各缸喷油嘴喷油量的差别,相差越小,发动机运转越平稳,相差过大,则应更换。首先检测喷油器的电阻,低阻值的喷油器阻值为 2～3 Ω,高阻值的喷油器阻值为 12～17 Ω。如检测出超标的阻值,则应更换。再检测各喷油嘴雾化情况,不能有集束情况,不能有喷歪现象。停止喷射时,不能有燃油泄漏发生,规定分钟内,泄漏不能超过 1 滴,否则更换。单位时间内的喷油量应在规定值范围内。自动检测喷油角度、雾化程度和自动测试清

图 4-1-2 喷油器清洗机

1—高压油轨;2—喷油器;3—量筒;
4—超声波清洗槽;5—操作面板

洗；自动怠速喷油量；自动检测最大马力喷油量；自动检测高速喷油量；全过程喷油检测模式。

把要检测的喷油嘴与脉冲输入信号线相连接，将超声波电源线与主机开关插座连接，然后把喷油嘴插在超声波清洗槽架上，清洗液加至规定时（液面高度一般是清洗槽深度的1/2），按下超声波清洗机开关，再按主机面板上的"手动"键，灯亮即可开始清洗。对于没有设备的情况，也可以采用化油器清洗剂清洗的方式，方法与清洗火花塞类似。

二、决策与计划

（一）线路分析

影响怠速稳定性的电路部分较多，对于燃油供给造成的影响可参见项目三中任务二对燃油供给系统的叙述，对于点火系统造成的影响可参见项目三中任务三对点火系统的叙述。本部分对节气门体电路部分进行分析。

电子节气门由节气门体、驱动电机和节气门位置传感器等构成，来自发动机ECU的指令使驱动电机动作，通过传动机构使节气门板转动，保证发动机工作所需的节气门开度。如图4-1-3所示，节气门位置传感器由3个电位器组成，分别是G186、G187、G188，节气门开度变化时，电阻值发生变化，输出的电压信号随之变化，与电子油门踏板位置传感器信号一起，输入到发动机ECU，经计算后，输出驱动电机控制信号传送到J220，控制G186，从而控制发动机节气门开度。

同发动机控制系统一起，电子节气门配合工作，可以实现：发动机怠速控制，车辆巡航控制，自动变速箱控制，车身电子稳定控制（ESP）等功能。

直流电动机在驱动电流作用下旋转一定角度，通过齿轮传动机构，将直流电动机轴的运动传递给节气门轴，节气门轴带动节气门旋转到所需角度，改变进气通道的截面积，从而控制发动机的进气流量。同时，由于节气门轴的转动，改变电位计的工作位置，电位计输出的信号发生变化，发动机控制单元根据信号值可确定节气门的具体开度位置反馈，从而精确微调其位置。

电位计由两个反向信号计组成，一个反映节气门的正向开度位置，另一个反映节气门的反向开度位置，比较两个信号计的信号值可相互检查其工作状态，作为判断是否有失效的一个依据。J338的6引脚和2引脚分别是与发动机电脑J220相连接的供电引脚和接地引脚，J338的4引脚和1引脚是为J220提供两个传感器位置的信号输出引脚。

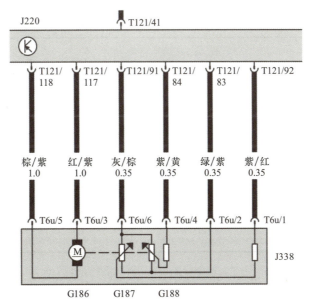

图4-1-3　帕萨特1.8T领驭节气门体控制电路图

G187—节气门驱动装置（电控节气门）角度传感器1，在节气门体内；G188—节气门驱动装置（电控节气门）角度传感器2，在节气门体内；G186—节气门驱动装置（电控节气门），在节气门体内；J338—节气门控制单元，在发动机进气歧管左侧

（二）将分析故障需要的线路简图画在下面的图框中

（三）故障分析

故障分析树	排故流程计划

三、实施与检查

（一）根据决策和计划环节分析进行对应的实施，检测的电阻、电压等数值记录在下表中

发动机断缸实验的检测方法

（二）怠速不稳常用的维修方案

进气系统、燃油供给系统、点火系统、发动机机械故障均会导致发动机怠速不稳现象，因此诊断产生发动机怠速不稳现象的原因是一项涉及面较广、难度较大的工作，轻易换件的方法是不可取的。怠速不稳故障的原因有百般变化，应根据检测结果、理论分析、维修经验做出正确判断，所以说诊断工作是有规律可循的。

1. 询问车主

接车后应向车主了解：
① 最早出现怠速不稳的时间。
② 怠速不稳时的发动机温度。
③ 该车行驶里程。
④ 车主经常驾驶的道路和习惯。
⑤ 该车保养情况。
⑥ 该车维修历史。
⑦ 该车是否加装设备。

通过以上了解可对怠速不稳有初步判断，缩短检查时间，避免在检修时做无用功。

2. 外观检查

打开发动机罩检查：观察发动机运转情况、抖动程度，同时观察发动机转速表指针的摆动幅度，是否偏离怠速期望值；观察是正常怠速抖动，还是负荷怠速抖动（打开空调、灯光，挂入挡位，打方向盘等）；发动机外部件是否有异常；真空管有无脱落、破损；电线插接器有无松脱；是否存在漏油、漏水、漏气、漏电的四漏现象；排气管是否"突、突"（说明燃烧不好）、冒黑烟、有生汽油味等不正常现象；节气门拉线是否调整合适。

3. 查询分析故障码

读码（永久性、偶发性故障码都要记录）——清码——运行（此时要再现故障发生的条件）——再读码。阅读维修手册中的故障码列表，查阅故障码发生的原因、影响、排除方法。对偶发性故障码不能忽视，往往怠速不稳时刻正是偶发故障码出现之时。经过分析确定下一步检修工作。如果没有故障码存储，要考虑控制单元不监视的元件可能存在故障，例如桑塔纳 2000 时代超人的控制单元不能对点火系统、燃油泵进行监控，对这两个部件应采用测量方法检查。

4. 阅读分析数据块

数据块可以提供发动机运转中的实时数据，能否正确分析数据块代表诊断者的技术水平，对那些不正确的数据要分析原因。对于怠速不稳，要读发动机转速、节气门开度、发动机工况、怠速空气流量学习值、怠速空气调节值、怠速λ学习值、怠速λ调节、吸入空气量、点火提前角、λ传感器信号电压、冷却液温度、进气温度等数据。数据实时值、学习值和调整值以实际值或百分率表示，工况以文字表示。

5. 检测

根据故障现象、故障码内容、数据块数值确定检测内容。根据检测对象选择万用表、二极管测试笔、尾气检测仪、燃油压力表、真空表、气缸压力表、示波器、模拟信号发生器、喷油器检测清洗仪等，选择哪一种仪器应视具体情况来定，出发点是能迅速、准确判断故障。尾气检测和波形分析很重要，也可以用断缸法迅速找到输出功率小的气缸，使用真空表可以分析影响真空度的具体原因。检测的原则是从电到机、从简到繁。可以按电控系统、点火系统、进气系统、燃油供给系统、发动机机械部分的顺序进行。

6. 故障排除

诊断者根据上述检查结果和维修手册中的故障排除指南，制定适合本车的排除方法。排除方法：清洗节气门与进气道、清洗检查喷油嘴、更换电气元件、检查线束的故障点、清洁接地点、修理发动机机械结构等。

7. 检验交车

故障排除后必须用诊断仪、尾气分析仪再检测一遍，确认故障完全排除后方能交给车主。在 3 天内必须电话跟踪一次，目的是：

①对用户车辆的维修质量负责，提示用户使用车辆的注意事项。

②将该车的最终情况记录在维修笔记中，不断积累维修经验。

四、评价

根据本任务内容，评价遇到的问题与注意事项。

五、练习题

问题一：

怠速是指发动机在_____的情况下的稳定运转状态。怠速不稳是发动机维修中遇到最多的故障。

问题二：

气缸内气体作用力的变化（一个气缸气体作用力变化或几个气缸气体作用力变化），引起各气缸_____不平衡，导致各活塞在做功行程时的水平方向分力不一致，出现对发动机横向摇倒的力矩不平衡，从而产生发动机抖动。也可以说，凡是引起发动机气缸内气体作用力变化的故障都有可能导致发动机怠速抖动。

问题三：

当不该进入的空气、汽油蒸气、燃烧废气进入到进气歧管时，造成混合气过浓或过稀，使发动机燃烧不正常。当漏气位置只影响个别气缸时，发动机会出现较剧烈的抖动，对冷车怠速影响更大。常见原因：_____。

问题四：

节气门和周围进气道的积炭、污垢过多，空气通道截面积发生变化，使得控制单元无法精确控制怠速进气量，造成混合气过浓或过稀，使燃烧不正常。常见原因：_____。

问题五：

在完成节气门的拆卸清洗后，一般要进行节气门的匹配，使节气门和发动机重新建立连接，如果不进行节气门的匹配工作，车辆会出现怠速不稳、加速不正常的现象。在进行节气门匹配时，确保发动机ECU中无故障代码；发动机冷却液温度不得低于_____；所有的用电器设备都已经关闭（散热器风扇在检测时必须关闭）；换挡杆在空挡或N挡位置。打开整车继电器盖板，连接诊断仪，选择_____选项，进行节气门匹配。不同的车系匹配方式略有不同，部分车型不必进行匹配工作，车辆电脑会根据运行自行建立匹配连接。

问题六：

先检测喷油器的电阻，低阻值的喷油器阻值为_____Ω，高阻值的喷油器阻值为_____Ω。

六、课后思考

一名客户反映，车辆在怠速时一切正常，但起步时却出现抖动现象，对此故障现象如何分析？

单元测试页 怠速不良综合故障诊断与排除

	教师评价记录
第一步：资讯环节	
1. 故障现象描述	
2. 电路工作原理简图	
第二步：决策与计划环节	
1. 小组人员分工	
2. 故障分析树	
3. 确定故障范围	

第三步：实施与检查环节	
1．实施流程	
2．确认故障位置及原因	
3．排除故障进行恢复检查及整理 □正常　　□异常（情况说明　　　　　　　　　　）	
第四步：评价总结	
成绩总评	

项目五
空调系统故障诊断与排除

项目描述

空调系统是汽车中相对较为独立的一个系统,故障多发生在夏季。本项目在学会了前几个项目的维修思路后,综合运用相关知识,对空调系统电路部分出现的故障进行分析诊断。

项目内容

任务　汽车空调系统故障诊断与排除。

项目目标

能够进行空调系统故障的诊断和排除;
能够分析空调系统控制电路。

任务　汽车空调系统故障诊断与排除

工作情景描述

车辆信息：帕萨特领驭 2008 款 1.8T 自动挡。

行驶里程：5 万 km。

车主到 4S 店反映，车辆空调系统不制冷，为此车主已经更换制冷剂，仍未解决问题，据此分析车辆可能存在的故障原因。

学习目标

通过本任务学习，应能：

1. 进行空调系统故障的诊断和排除；
2. 分析空调系统控制电路；
3. 掌握空调系统的分类与组成。

一、资讯

汽车空调是利用媒介物质对车内的空气进行调节（空调—空气调节），使之在温度、湿度、流速和洁净度上能满足人体舒适的需要，并预防或去除玻璃上的雾、霜和冰雪，保障乘员身体健康和行车安全。汽车空调主要分为手动与自动两大类，这里以自动空调为主进行介绍。

（一）空调系统的组成

空调主要由制冷系统、暖风系统、通风系统、空气净化系统和控制系统 5 部分组成。汽车空调制冷主要是利用物质从液态到气态之间相互转换需要吸收热量和散发热量这一物质特性的原理，从而实现将车内的热量排放到车外，以达到降低车内空气温度的效果。汽车空调制冷系统里所使用的物质就是制冷剂 R134a，主要由压缩机、冷凝器、储液干燥罐、膨胀阀、蒸发箱及管路等组成，其结构如图 5-1-1 所示。

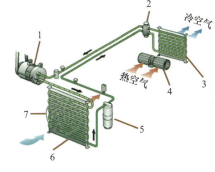

图 5-1-1　汽车空调组成结构示意图

1—压缩机；2—膨胀阀；3—蒸发箱；4—鼓风机；5—储液干燥罐；6—冷凝器；7—散热风扇

（二）空调系统制冷系统工作原理

压缩机将蒸发箱内部吸收了大量热量的制冷剂抽走，并使蒸发箱内部变为低压低温区；经过压缩机压缩的制冷剂变为高压高温的气态制冷剂流入冷凝器中，在冷凝器中进行降温降压，使制冷剂变为液态或气液混合状态的制冷剂，流入储液干燥罐中储存并去除水分；液态制冷剂随着系统继续循环流至膨胀阀；由于受到膨胀阀的节流限制，只有少量制冷剂通过膨胀阀，此时，由于压力突然降低，制冷剂开始蒸发并流入蒸发箱；流入蒸发箱的制冷剂继续蒸发，并吸收蒸发箱周围空气的热量，然后再次被压缩机吸入。

由工作原理可知，当空调制冷系统运转时，由于压缩机不断将制冷剂吸入冷凝器，同时，膨胀阀又限制制冷剂流入蒸发箱，制冷系统中就形成了压缩机→冷凝器→储液干燥罐→膨胀阀的高压区和膨胀阀→蒸发箱→压缩机的低压区，整个工作原理如图 5-1-2 所示。

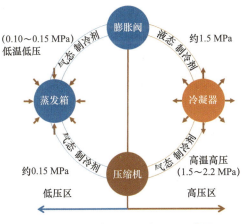

图 5-1-2　汽车空调工作原理示意图

(三)自动汽车空调的结构组成

自动控制空调能根据驾驶员所设定的温度不断检测车内外温度、太阳辐射等车内外环境的变化,自动调节鼓风机转速、进气模式、工作模式和压缩机的运行等,保持车内温度和湿度在设定范围内,获得最佳的舒适性。如图 5-1-3 所示,微机控制自动空调系统由控制中枢(自动空调 ECU)、传感器和执行机构三部分组成。控制面板由温度控制开关和各功能选择键组成,当按下 AUTO(自动设置)开关时,微机控制自动空调系统根据设定温度自动选择运行方式,以达到所需要的温度。根据汽车使用中的复杂情况,可用手动控制键取代自动调节。

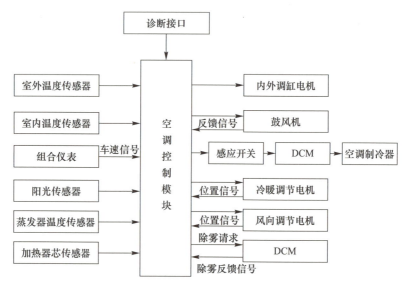

图 5-1-3 汽车自动空调控制示意图

1. 室外温度传感器

其一般安装于前保险杠左侧或散热器前端,其主要作用是检测外界的环境温度。为了使室外温度传感器准确地检测出车外的平均温度,防止其对外界环境温度突然变化做出反应,在室外温度传感器外部包裹了一层注塑树脂壳,以降低其对车外温度变化的灵敏度。自动空调系统根据车外温度信号及控制面板设定参数等其他信息,决定温度翻板的位置及鼓风机的转速。若此信号中断,则采用鼓风机进气口新鲜空气温度传感器信号代替;若此信号也中断,则替代值为 10 ℃,并且此时无内循环。

2. 新鲜空气进气道温度传感器

该传感器一般安装在鼓风机前端,进气风门(室内外循环控制风门)下方的进气口处。其主要功用是检测鼓风机进气口的空气温度。由于自动空调控制系统可以根据室内温度及设定温度,自行调节进气风门的位置,因此当进气风门在不同位置时,进气口的温度不尽相同。自动空调系统根据鼓风机进口温度与设定温度相对比,从而控制温度调节风门位置及鼓风机的转速,以达到对出风口温度的精确控制。如果此信号中断,则采用车外温度传感器信号代替。新鲜空气进气道温度传感器与室外温度传感器均提供实际温度信号,控制单元在进行温度对比计算时,按选低原则使用信号。

3. 脚步出风口温度传感器

该传感器安装在通风系统脚步出风口位置。其主要作用是检测脚部出风口温度。用以控制脚部/除霜翻板位置;计算鼓风机输出量,控制鼓风机转速。如果此信号中断,则空调控制系统以恒温 30 ℃信号值代替,保证空调系统的正常运行。

4. 蒸发箱出风口温度传感器

该传感器的主要作用是替代蒸发箱除霜开关,检测蒸发箱表面工作温度,其安装在蒸发箱与加热器芯中间位置,自动空调系统根据此信号控制温度调节翻板的位置及空调压缩机工作。

5. 车室内温度传感器

该传感器控制温度翻板位置及鼓风机转速。信号缺失的情况下，以 24 ℃替代，系统保持工作状态。

6. 阳光辐射温度传感器

该传感器提供光的强度信号，控制温度翻板及新鲜空气鼓风机转速。过滤器相当于墨镜，防止光学元件被紫外线照射，光电二极管是一个光敏的半导体元件，当无光照到它时，仅能有小电流通过，一旦有光照射后，电流随之改变，光越强，电流越大。在信号缺失的情况下，控制单元用固定值替代。

7. 制冷系统压力传感器

该传感器安装在高压侧，取代三功能开关。记录制冷剂压力并转化成电信号，不仅仅在临界压力下起作用，适应性更强，风扇换挡更平顺。传感器的感应部件是硅晶体，由于压力的不同，硅晶体的变形也或多或少，这导致了电阻的不同，因此通过微处理器传出的信号脉宽也不同，通过脉宽可以判断出系统的压力大小，同时可以知道空调系统的负荷大小。

（四）自动汽车空调控制过程

如图 5-1-4 所示，为帕萨特汽车自动空调电路，下面主要分析其鼓风机、空调压缩机、散热风扇及各风门执行器的控制电路。鼓风机的控制电路主要由鼓风机调速模块 J126、鼓风机 V2 及自动空调控制单元 J255 组成。根据驾驶员手动设定的温度、室内温度、环境温度及光照强度等信号，自动空调控制单元 J255 向鼓风机调速模块 J126 输出占空比控制信号，通过控制鼓风机 V2 电流的大小实现对鼓风机转速的控制。

空调压缩机的控制电路：自动空调控制单元 J255 通过各开关及传感器的信号确定允许空调压缩机工作后，控制空调压缩机电磁离合器继电器 J44 工作，空调压缩机电磁离合器 N25 吸合，空调压缩机开始工作。

散热风扇的控制电路：散热风扇控制单元 J293 根据空调压力开关 F129 和热敏开关 F18 的信号控制散热风扇 V35 的转速。

自动空调的所有风门执行器均为电动机式，自动空调控制单元 J255 根据各传感器信号可自动控制各风门的位置。

自动空调控制单元 J255 具有自诊断功能，用故障检测仪可以通过 K 线读取自动空调控制单元 J255 内存储的数据，以供诊断自动空调故障时参考。

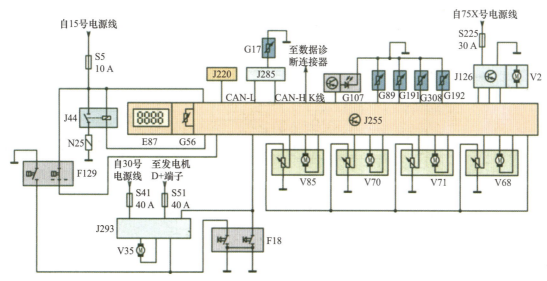

图 5-1-4　帕萨特汽车自动空调控制电路

E87—自动空调操作和显示单元；F129—空调压力开关；F18—热敏开关；G56—室内温度传感器；G17—环境温度传感器；G107—光照强度传感器；G89—新鲜空气进气口通道温度传感器；G191—中央通风温度传感器；G308—蒸发器表面温度传感器；G192—脚部通风温度传感器；J44—空调压缩机电磁离合器继电器；J220—发动机控制单元；J285—组合仪表控制单元；J255—自动空调控制单元；J126—鼓风机调速模块；J293—散热风扇控制单元；N25—空调压缩机电磁离合器；V2—鼓风机；V85—脚部/除霜风门电动机；V70—中央风门电动机；V71—空气内外循环风门电动机；V68—混合风门电动机；V35—散热风扇

二、决策与计划

(一)线路分析

1. 电源线路

与发动机控制单元类似,帕萨特 Climatronic 自动空调控制单元有两条供电线路,如图 5-1-5 所示,为通过点火开关进行供电的线路,当点火开关打到 ON 挡位时,电流从 D/15 T8v/6 引脚流出,经过熔断丝 S5,到空调控制单元 J255 的 15a 引脚进行供电,为控制单元供电。同时电源经过点火开关 D/15 T8v/6 引脚,经过熔断丝 S5,到电磁离合器继电器 J44 的 2/30 引脚,为电磁离合器 N25 供电,当空调控制单元 J255 的 T16a/6 接收到空调系统工作的信号时,该引脚接地,电磁离合器继电器 J44 工作,30 引脚和 87 引脚接通,电流流向电磁离合器 N25 接地工作。

汽车自动空调系统电路分析

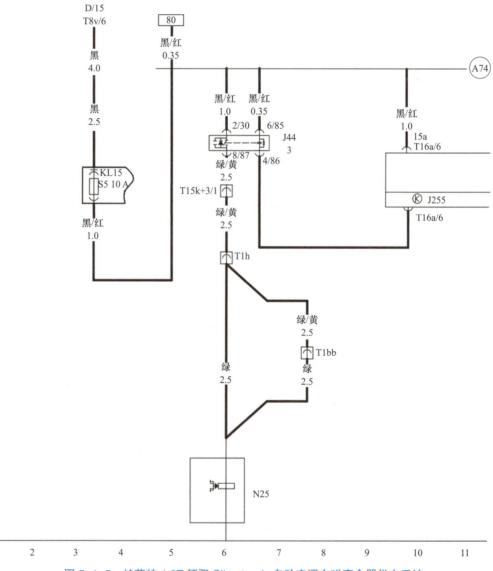

图 5-1-5 帕萨特 1.8T 领驭 Climatronic 自动空调电磁离合器供电系统

D—点火起动开关;J44—电磁离合器继电器,在仪表板左侧下方 13 位置继电器板上 3 号位(267 继电器);J255—Climatronic 自动空调控制单元,在仪表板中部收音机下方;N25—电磁离合器;S5—熔断丝 5,10 A,Climatronic 自动空调控制单元、空调压力开关、座椅加热调节器、油位/油温传感器、电磁离合器继电器熔断丝,在仪表板左侧熔断丝架上;T1h—1 针插头,绿色,在发动机舱左侧前方支架上;T1bb—1 针插头,白/绿色,在压缩机前方;T8v—8 针插头,黑色,点火起动开关插头;T16a—16 针插头,黑色,在空调控制面板后面 D 号位上;T15k+3—18 针插头,白色,在左 A 柱处 14 号位

另一条空调控制单元的供电线为常供电线路，如图 5-1-6 所示，电流从蓄电池正极 A+ 直接流出，经过正极接线柱 500，从接线柱 501 流出，经过熔断丝 S15，到 J255 的 T16a/7 引脚进行供电。

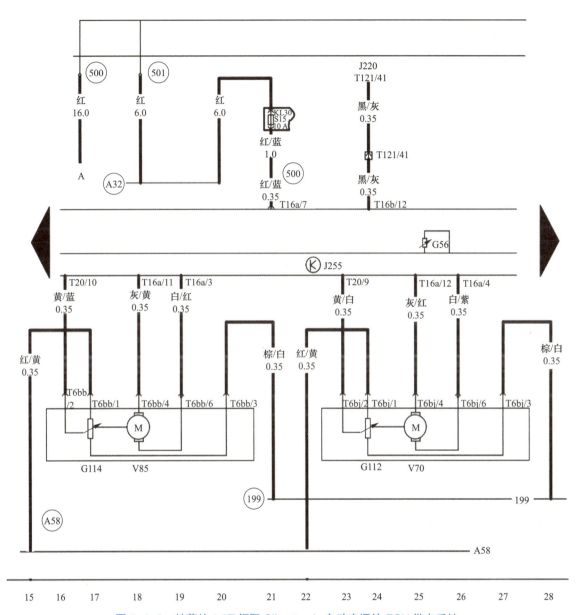

图 5-1-6　帕萨特 1.8T 领驭 Climatronic 自动空调的 ECU 供电系统

A—蓄电池；G56—仪表盘温度传感器；G112—中央风门伺服电动机电位计，在中央出风口下方；G114—脚部空间风门/除霜风门伺服电动机电位计，在油门踏板右侧空调器上；J220—Motronic 发动机控制单元，在排水槽左侧防护罩内；J255—Climatronic 自动空调控制单元；S15—熔断丝 15，10 A，组合仪表中带显示单元的控制单元、自动变速箱控制单元、Climatronic 自动空调控制单元熔断丝，在仪表板左侧熔断丝架上；T6bb—6 针插头，黑色，脚部空间/除霜风门伺服电动机插头；T6bj—6 针插头，蓝色，中央风门伺服电动机插头；T16a—16 针插头，黑色，在空调控制面板后面 D 号位上；T16b—16 针插头，棕色，在空调控制面板后面 C 号位上；T20—20 针插头，红色，在空调控制面板后面 B 号电动机；T121—121 针插头，黑色，Motronic 发动机控制单元插头；V70—中央风门伺服电动机，在中央出风口下方；V85—脚部空间/除霜风门伺服电动机，在油门踏板右侧空调器上；⑲—接地线，在仪表板线束内

如图 5-1-7 所示，为帕萨特 1.8T 领驭 Climatronic 自动空调的新鲜空气鼓风机系统供电线路，当点火开关打到 ON 挡位时，电流从点火开关的 D/75 T8v/2 引脚流出，经 S1/5，到 X 触电卸载继电器 J59 的 8/85 引脚流入，经过继电器绕组，从 5/86 引脚流出，经 S1/1 到 30 接地点接地，此时 J59 工作，电流从蓄电池正极流出，经过 J59 的 7/30 引脚，从 J59 的 6/87 引脚流出，经过 503 正极接线柱，经过新鲜空气鼓风机控制单元熔断丝 S225，到新鲜空气鼓风机控制单元 J126 的 T6ad/4 引脚，为鼓风机供电。

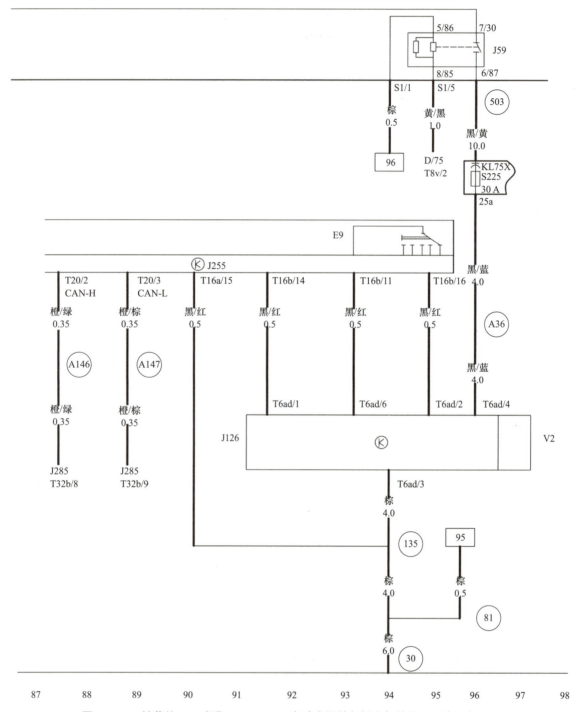

图 5-1-7　帕萨特 1.8T 领驭 Climatronic 自动空调的新鲜空气鼓风机系统供电线路

D—点火起动开关；E9—新鲜空气鼓风机开关；J59—X 触点卸载继电器，在仪表板左侧下方中央电器板上 2 号位 /100 继电器；J126—新鲜空气鼓风机控制单元，在仪表板右侧下方；J255—Climatronic 自动空调控制单元，在仪表板中部收音机下方；J285—组合仪表中带显示单元的控制单元，在仪表板左侧；S225—熔断丝 25，30 A，新鲜空气鼓风机控制单元熔断丝；T6ad—6 针插头，棕色，空气鼓风机控制单元插头；T8v—8 针插头，棕色，点火起动开关插头；T16a—16 针插头，黑色，在空调控制面板后面 D 号位上；T20—20 针插头，红色，在空调控制面板后面 B 号位上；T32b—32 针插头，绿色，组合仪表中带显示单元的控制单元插头；V2—新鲜空气鼓风机，在仪表板右侧下方空调器上

2. 开关线路

如图 5-1-8 所示，为帕萨特 1.8T 领驭 Climatronic 自动空调操作开关，其中 E87 是空调操作与显示单元，通过操作 E87 对车内温度进行设定，F164 是除霜运行开关，E184 是新鲜空气鼓风机和循环空气开关，按下对应开关，将信号传输给 J255 控制单元。

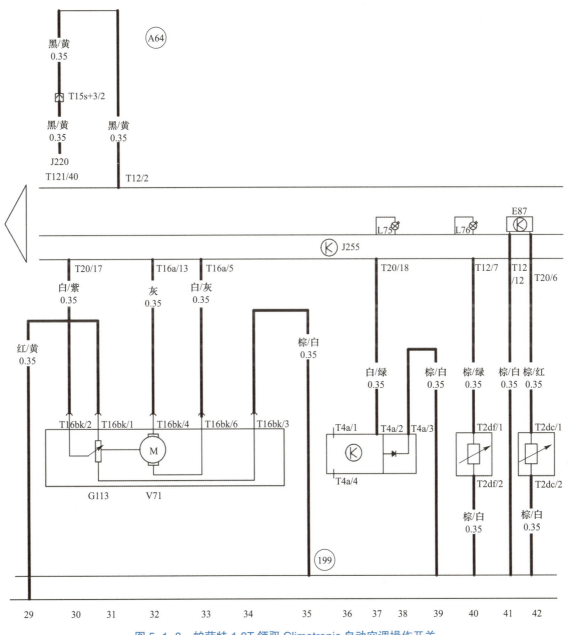

图 5-1-8　帕萨特 1.8T 领驭 Climatronic 自动空调操作开关

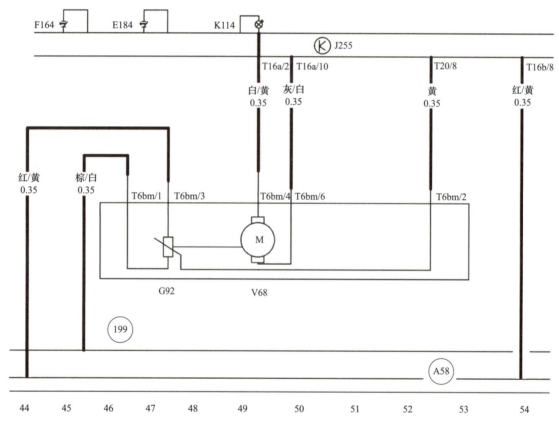

图 5-1-8 帕萨特 1.8T 领驭 Climatronic 自动空调操作开关（续）

E87—空调操作与显示单元；G113—速滞压力风门伺服电动机电位计，在新鲜空气鼓风机前方左侧；L75—数字式显示器照明；L76—按钮照明；T2dc—2 针插头，中部出风口温度传感器插头；T2df—2 针插头，白色，新鲜空气进气通道温度传感器插头；T4a—4 针插头，黑色，日照光电传感器插头；T16bk—6 针插头，黑色，速滞压力风门伺服电动机插头；T12—12 针插头，黑色，在空调控制面板后面 A 号位上；T16a—16 针插头，黑色，在空调控制面板后面 D 号位上；T15s+3—18 针插头，橙红色，在发动机控制单元防护罩内左侧 3 号位；V71—速滞压力风门伺服电动机，在新鲜空气鼓风机前方左侧；E184—新鲜空气鼓风机和循环空气开关；F164—除霜运行开关；G92—温度风门伺服电动机电位计，在中央出风口下部右侧

3. 用电器线路

在帕萨特 1.8T 领驭 Climatronic 自动空调系统中主要的用电器有空调电磁离合器 N25、中央风门伺服电动机 V70、脚部伺服电动机 V85、速滞压力风门伺服电动机 V71、温度风门伺服电动机 V68、新鲜空气鼓风机 V2 等，自动空调其他对应的传感器，如图 5-1-9、图 5-1-10 所示。

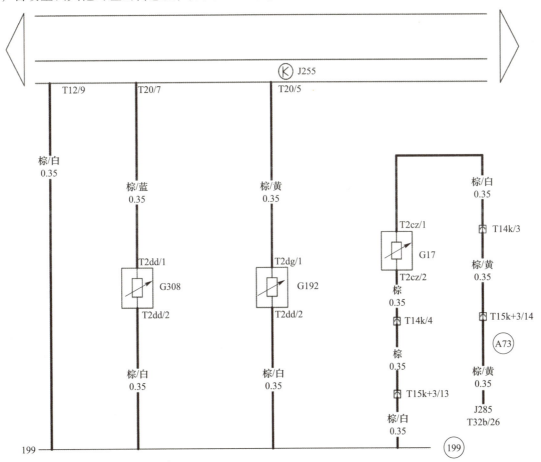

图 5-1-9　帕萨特 1.8T 领驭主要传感器电路

G17—车外温度传感器，在前保险杠中部；G192—脚部空间出风口温度传感器，在左侧放脚出风口上方；G308—蒸发器温度传感器，在仪表板右侧蒸发箱前方；J255—Climatronic 自动空调控制单元，在仪表板中部收音机下方；J285—组合仪表中带显示单元的控制单元，在仪表板左侧；T2cz—2 针插头，黑色，车外温度传感器插头；T2dd—2 针插头，黑色，蒸发器温度传感器插头；T2dg—2 针插头，黑色，脚部空间出风口温度传感器插头；T12—12 针插头，黑色，在空调控制面板后面 A 号位上；T14k—14 针插头，黑色，在发动机舱左侧前方支架上；T15k+3—18 针插头，白色，在左 A 柱处 14 号位；T20—20 针插头，红色，在空调控制面板后面 B 号位上；T32b—32 针插头，绿色，组合仪表中带显示单元的控制单元插头

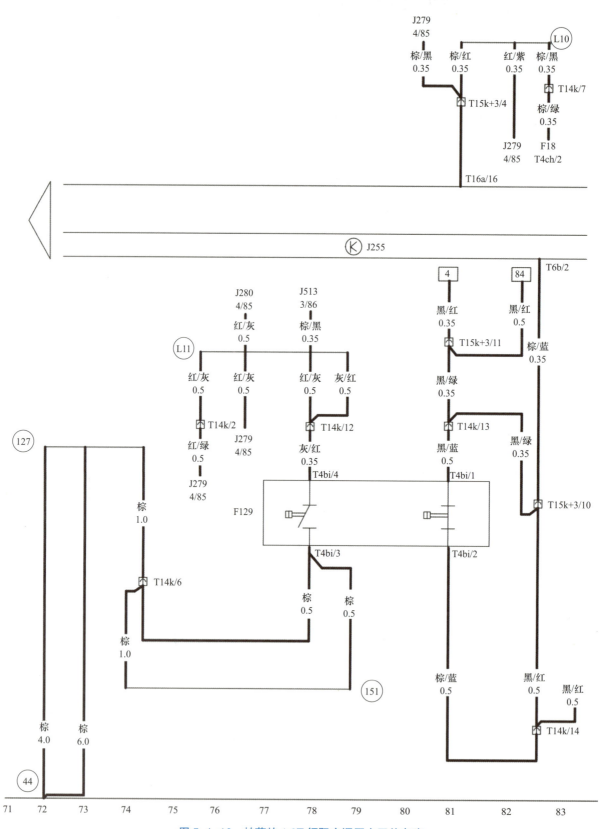

图 5-1-10 帕萨特 1.8T 领驭空调压力开关电路

F18—冷却液风扇热敏开关,在水箱右侧下方水管上;F129—空调压力开关,在散热器右侧保险杠内;J279—冷却液风扇 V7 继电器第 1 挡,在仪表板左侧下方 8 位置附加继电器板上 2 号位(100 继电器);J280—散热风扇 V7 继电器第 2 挡,在仪表板左侧下方 8 位置附加继电器板上 8 号位(100 继电器)

(二)线路简图

(三)故障分析

故障分析树	排故流程计划

三、实施与检查

(一)根据决策和计划环节分析进行对应的实施,检测的电阻、电压等数值记录在下表中

(二)常见故障

1. 空调出风口有时出冷风,有时出暖风

这种故障现象主要是由于蒸发器有结霜现象,不结霜时出风制冷正常;结霜时,出风小,温度不够,出暖风。此故障主要有两个原因:一是膨胀阀调节故障,需要更换;二是出在变排量压缩机上。变排量压缩机的压力调节阀不能进行调节时就会发生这种现象。因为当调节阀不能调节时,变排量压缩机就相当于定排量压缩机,它会一直工作着的,通过膨胀阀到蒸发器的制冷剂会不断增多,蒸发器温度就会过低,最后会使表面的空气结霜,这时如果关了空调,过一会结霜化了,再开又正常了。这种情况根据配件供应情况需要进行更换压缩机总成或更换压力调节阀处理。

2. 空调管路泄漏

空调管路泄漏,制冷剂不足,是空调故障中最常见的原因。空调管路的检漏,查找泄漏部位主要有以下几种方法:

(1)保压、泡沫检漏法。就是通过压力表向管路系统里充注氮气,达到 15 bar 左右,再用泡沫水覆盖在管路各个接头,观察有气泡冒出的地方就是泄漏点。

(2)分段部位检漏法。利用空调检测接头专用工具,单独对蒸发器、压缩机、冷凝器,甚至高低压管进行分开保压检测。

(3)水池浸泡法。对于泄漏很小,难以检漏的情况,可以采取把整个管路系统拆下来,在车外重新连接后,保压,再把整个系统浸泡在水池里观察泄漏点。

（4）采用荧光剂检测法。就是将带有颜色的荧光剂加注到系统中，让空调工作一段时间，再观察哪里有荧光剂渗出来，即可确定泄漏点。

3. 制冷不足问题的解决

汽车空调故障中，之所以无法达到良好的制冷效果，有很大原因在于制冷不足问题的发生。建议在该问题的维修上，可通过以下方法来完成：第一，有效查看制冷剂是否表现充足。例如，当发现管道出现轻微泄漏后，应及时对管道泄漏部位进行封堵处理，同时适当增加制冷剂，针对严重损坏的部件进行更换处理，彻底避免问题的反复出现。第二，当地压管道的表现不佳时，需要针对过滤器进行更换处理，在有效的抽空操作后，适当加入制冷剂即可。

4. 压缩机皮带噪声

压缩机传动皮带松动打滑或过度磨损，产生噪声。张紧或更换压缩机皮带。用手指按压皮带中间，挠曲量应在 10～15 mm。不要用旋具等工具按压皮带，以防划伤皮带，缩短皮带的使用寿命。

四、评价

根据本任务内容，评价遇到的问题与注意事项。

五、练习题

问题一：

空调出风口有时出冷风，有时出暖风，故障原因分析：_____
_____
_____。

问题二：

空调管路泄漏，制冷剂不足，是空调故障中最常见的原因。空调管路的检漏，查找泄漏部位主要有以下几种方法：

（1）保压、泡沫检漏法。就是通过_____。

（2）分段部位检漏法。利用空调检测接头专用工具，单独对蒸发器、压缩机、冷凝器，甚至高低压管进行分开保压检测。

（3）水池浸泡法。对于泄漏很小，难以检漏的情况，可以采取把整个管路系统拆下来，在车外重新连接后，保压，再把整个系统浸泡在水池里观察泄漏点。

（4）采用荧光剂检测法。就是将_____，
_____，即可确定泄漏点。

问题三：

压缩机皮带噪声产生原因分析：_____。

六、课后思考

一辆轿车出现了发动机无法起动，打到 ON 挡位，散热风扇常转的现象，使用解码器显示无法连接电脑系统，试分析出现这种故障现象的原因是什么。

单元测试页　空调系统综合故障诊断与排除

第一步：资讯环节	教师评价记录
1．故障现象描述	
2．电路工作原理简图	

第二步：决策与计划环节	
1．小组人员分工	
2．故障分析树	
3．确定故障范围	

第三步：实施与检查环节	
1．实施流程 	
2．确认故障位置及原因 	
3．排除故障进行恢复检查及整理	
□正常　　　□异常（情况说明　　　　　　　　　　　）	
第四步：评价总结	
成绩总评	

习题参考答案

绪 论

任务一

问题一：工作能力、工作可靠。
问题二：故障现象。
问题三：问诊试车，分析研究，流程设计。
问题四：故障树分析法。

任务二

问题一：略。
问题二：电源，导线，保护装置，开关，用电器，车身搭铁。
问题三：直接与电源相连接，通过点火开关控制供电。
问题四：红色，灰色，黑色，信号。
问题五：熔断丝，后面，前面。
问题六：电磁阀，灯泡，仪表。
问题七：负极。

任务三

问题一：回路，闭合，"V"，测试灯笔。
问题二：断开，电压，（Ω）挡，（Ω）挡。
问题三：控制开关，车身。
问题四：蜂鸣挡。
问题五：线路，车身，车身（搭铁）。
问题六：0和∞。
问题七：∞和0。
问题八：电压，电阻。
问题九：几十欧，吸合工作。
问题十：三，二。

项目一

任务一

任务二

问题一：近光灯，远光灯。
问题二：视镜，反射镜。
问题三：仪表盘，顺时针。
问题四：ON，E1，XZ。

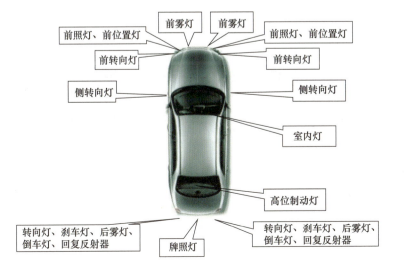

问题五：E4，56，超车灯。

问题六：灯光暗淡一侧的前照灯的灯头与灯架间、灯泡与灯头间、灯架与车架间接触不良或锈蚀，使接触电阻增大；灯光暗淡一侧的前照灯的反射镜发生了氧化或积有灰尘。可用导线短接法迅速判明故障部位，并予以排除。

问题七：电压调节器。

任务三

问题一：红，制动开关。

问题二：S13，发动机控制单元J220。

问题三：灯丝烧断，搭铁不良，制动灯开关失灵，灯丝。

任务四

问题一：雾灯继电器。

问题二：熔断丝F3-F4，车身控制模块（BCM）。

问题三：散光玻璃，蓄电池充电，蓄电池。

任务五

问题一：方向盘，仪表盘中间部分，危险警报灯。

问题二：电源输入，接地，输出。

问题三：阻值。

问题四：75x，503正极接线柱。

项目二

任务一

问题一：操纵开关，电动刮水器执行装置。

问题二：定子，转子。

问题三：减速增扭，左右摆动。

问题四：53a，2/53b，53a，4/53，53c，53，53a，J。

问题五：8，6，8，8，1，2，8，7，12。

问题六：2挡，0。

问题七：刮水器电动机或开关，电动机电刷。

问题八：刮水器与挡风玻璃接触面脏；电动机轴承或传动机构润滑不良；电动机电刷接触不良；电枢绕组短路或搭铁等。

问题九：自动停位装置损坏；停位触点接触不良；刮水器开关损坏；传动机构磨损或变形；线路连接错误。检查刮水器臂的安装是否正确；开关线路连接是否正确；最后检查自动停位机构的触片和滑片接触是否良好。

问题十：刮水器上的刮片损坏、传动机构故障。

任务二

问题一：501，502。

问题二：4，GND，6，1。

问题三：熔断器断路；连接导线断路或相关插接件松脱；有关继电器、开关损坏；电动机损坏；搭铁线锈蚀、松动。

问题四：该车窗开关或电动机损坏；该处导线断路或插接件松脱。

问题五：安装时未调整好；卷丝筒内钢丝跳槽；滑动支架内传动钢丝夹转动；电动机盖板或固定架与玻璃碰擦等机械故障。

项目三

任务一

问题一：准确的点火时间和足够的点火能量、合适的空燃比（空气和燃油的比例）、起动机正常工作、合适的气缸压力、防盗系统工作等。

问题二：蓄电池，起动机，点火开关。

问题三："30"，"50"，"C"。

问题四：D/50b，T8v/5。

问题五：(1) ①蓄电池亏电、接头松或接触不良；②起动机原因；③起动继电器故障；④点火开关故障；⑤连接导线故障。

(2) ①蓄电池亏电或短路使供电不足；②电动机主电路接触电阻增大使工作电流减少（蓄电池搭铁电缆搭铁不实；电池正、负极柱上的端头固定不牢；电动机开关触点与触盘烧蚀；换向器烧蚀等）；③磁场绕组或电枢绕组局部短路使输出功率降低；④发动机装配过紧或环境温度导致起动电阻过大。

(3) ①电磁开关保持线圈断路或搭铁不良；②蓄电池严重亏电或内部短路。

任务二

问题一：电动汽油泵。

问题二：燃油系统压力。

问题三：回油管变形或油压调节器损坏，油泵进油滤网脏堵，汽油滤清器脏堵。

问题四：0.25。

问题五：积炭、胶质、水分。

问题六：一年半或 4 万 km。

任务三

问题一：跳火。

问题二：转速。

问题三：62，86a，21，85。

问题四：点火正时调整失准或点火角度装配失准。

问题五：点火角度不正确。

任务四

问题一：输入回路，A/D 转换器，微处理器，输出回路。

问题二：500，62。

项目四

问题一：无负荷（对外无功率输出）。

问题二：各气缸功率。

问题三：进气总管卡子松动或胶管破裂；进气歧管衬垫漏气；进气歧管破损或其他机件将进气歧管磨出孔洞；喷油器 O 形密封圈漏气；真空管插头脱落、破裂；曲轴箱强制通风（PCV）阀开度大；活性炭罐阀常开；废气再循环（EGR）阀关闭不严等。

问题四：节气门有油污或积炭；节气门周围的进气道有油污、积炭；怠速步进电动机、占空比电磁阀、旋转电磁阀有油污、积炭。

问题五：80 ℃、"基本设置"。

问题六：2～3，12～17。

项目五

问题一：一是膨胀阀调节故障，需要更换；二是出在变排量压缩机上。

问题二：压力表向管路系统里充注氮气，达到 15 bar 左右，再用泡沫水覆盖在管路各个接头，观察有气泡冒出的地方就是泄漏点。

就是将带有颜色的荧光剂加注到系统中，让空调工作一段时间，再观察哪里有荧光剂渗出来，即可确定泄漏点。

问题三：压缩机传动皮带松动打滑或过度磨损，产生噪声。

参考文献

［1］张宪辉.汽车发动机故障诊断与维修快速入门与提高［M］.北京：化学工业出版社，2019.

［2］孔旭红.汽车故障诊断技术（第二版）［M］.北京：中国劳动社会保障出版社，2019.

［3］于洪兵，郭丽娜.汽车故障诊断技术［M］.北京：中国铁道出版社，2020.

［4］杨宏进，汽车运用基础［M］.北京：人民交通出版社，2014.

［5］邹小明，汽车检测诊断技术［M］.北京：北京理工大学出版社，2012.

［6］大众售后维修服务，大众帕萨特09款1.8T领驭维修电路图［M］.

［7］大众售后维修服务，大众迈腾2012款BL7维修电路图［M］.

［8］通用公司，别克君威电路图册［M］.

［9］赵志彭.基于工作过程《汽车电控系统故障诊断与检修》课程开发与实践［D］,广西：广西师范大学，2020.